Dave Stone

Wie Kinder glauben lernen

Zu Hause Glauben leben

Dave Stone

Wie Kinder glauben lernen

Zu Hause Glauben leben

Dave Stone
Wie Kinder glauben lernen
Zu Hause Glauben leben

Bestell-Nr. 271.022
ISBN 978-3-86353-022-8

Titel des amerikanischen Originals:
Raising Your Kids to Love the Lord

1. Auflage
© 2013 Christliche Verlagsgesellschaft, Dillenburg
www.cv-dillenburg.de
Übersetzung: Brigitte Hahn
Gesamtgestaltung: Christliche Verlagsgesellschaft Dillenburg
Covermotive: © Konstantin Yolshin/Shutterstock (Hände); © Shutterstock
(Jungen); © Martin Novak/Shutterstock (Mutter und Tochter); © Anastasiia
Kucherenko/Shutterstock (Hintergrund Punkte); © EV-DA/Shutterstock
(Hintergrund Ornamente)
Bildquellen für Fotos im Innenteil: s. S. 160
Druck: BasseDruck GmbH, Hagen
Printed in Hungary

Inhalt

1

Die richtige Reihenfolge

Die Eingangshalle war brechend voll, aber Heather schien die Menschenmenge um uns herum gar nicht zu bemerken. Sie war neu in unserer Gemeinde. Eine Bekannte hatte sie zum Gottesdienst eingeladen. Wir sprachen über dieses und jenes, aber unser Geplauder wich plötzlich einem tiefen Ernst, als ich sie fragte, was sie sich von dem Besuch unserer Gemeinde erhoffte.

Ihre Augen füllten sich mit Tränen, als sie sagte: „Ich möchte, dass meine Kinder glauben und Jesus Christus lieben lernen."

Mit dem Wunsch ist diese junge Mutter nicht allein. Viele wünschen sich, dass ihre Familie durch den Glauben zusammengehalten wird.

Ich wünsche mir das, und Sie wünschen es sich offensichtlich auch, sonst würden Sie dieses Buch nicht lesen.

Eltern suchen in unterschiedlichen Richtungen, um sicherzugehen, dass die Fackel des Glaubens an ihre Kinder weitergegeben wird. Manche machen es wie Heather. Sie verlassen sich auf die Gemeinde oder die Erziehung in einer christlichen Schule. Andere wiederum wenden sich an enge Verwandte, nutzen die Angebote von Kinder- und Jugendfreizeiten oder lesen ein Buch über Kindererziehung.

Ich kann alle diese Möglichkeiten nur wärmstens empfehlen, weil sie alle hilfreich sein können. Aber es gibt eine noch bessere Möglichkeit, eine Stelle, an der alles anfängt.

Wenn Sie sich wünschen, dass Ihre Kinder im Glauben aufwachsen und den Herrn lieben lernen, beginnt alles ... bei Ihnen.

Prioritäten setzen

Stellen Sie sich vor, Sie sind auf dem Weg zur Arbeit, zum Gottesdienst oder zu einer Schulaufführung Ihres Kindes. Plötzlich sehen Sie an sich herunter und stellen fest, dass Ihr Hemd oder Ihre Bluse falsch geknöpft ist.

Das ist zwar ein kleines Ärgernis, aber auch ein Bild für Wahrheiten in unserem Glaubensleben. Wenn Sie von oben beginnen und sich nach unten vorarbeiten, ergibt sich alles andere wie von selbst. Aber wenn Sie den obersten Knopf ins falsche Knopfloch gleiten lassen, wird das Ganze von Anfang an schief. Sie knöpfen zwar weiter, aber schließlich müssen Sie noch einmal von vorn anfangen. Es lohnt sich also, an der richtigen Stelle zu beginnen.

Für manche von Ihnen ist dieses Buch eine Chance für einen Neubeginn. Für andere ist es eine Bestätigung, den einmal eingeschlagenen Weg weiter zu verfolgen.

In diesem Buch finden Sie praktische Vorschläge und kreative Ideen, die Ihnen unabhängig von Ihrer jeweiligen Familiensituation helfen können. Sie haben die Möglich-

keit, sich wieder auf die richtigen Prioritäten zu besinnen, jene Prinzipien, die in Ihrem eigenen Glaubensleben und im Leben Ihrer Kinder entscheidend sind. Sie werden auch zu einer wichtigen Erkenntnis kommen: Wenn Ihr Herz für unseren Herrn Jesus Christus schlägt, wenn ein gottgemäßes Leben ihre höchste Priorität ist, dann ist es für Ihre Kinder eine ganz natürliche Sache, sich mit Begeisterung ins Abenteuer des Glaubens zu stürzen und echten Glauben zu leben.

Ich weiß jetzt, was Sie denken. Na los, stellen Sie schon die Fragen, die Ihnen unter den Nägeln brennen: „Wer ist dieser Typ überhaupt? Was macht ihn denn zu einem so tollen Experten? Woher nimmt er sich das Recht, mir kluge Ratschläge für mein Familienleben zu geben?"

Lassen Sie mich gleich im Voraus einiges klarstellen: Ich bin kein Kinderpsychologe. Ich habe auch keinen Abschluss als Lebensberater. Ich bin ein Elternteil und ein Christ. Ich liebe unseren Herrn Jesus Christus. Und ich beherrsche die Kunst des Überlebens.

Kommt es Ihnen manchmal auch so vor, als ob Ihnen als Elternteil nichts anderes übrig bleibt, als einfach zu überleben? Ich jedenfalls habe diese Erfahrung gemacht. Aber ich habe auch jene fantastischen Augenblicke erlebt, in denen unsere Kinder zum Glauben gefunden und begonnen haben, Gott zu vertrauen. Ich habe miterlebt, wie ein kleiner Funken Glaube zu einem großen Feuer geworden ist. Ich habe miterlebt, wie unsere Kinder zu reifen

Persönlichkeiten geworden sind, die inzwischen ihren eigenen Weg des Glaubens gehen. Ich habe miterlebt, wie sie im Glauben aufwachsen und unseren Herrn Jesus Christus lieben.

Mit Gottes Hilfe haben meine Frau Beth und ich zwei Töchter aufgezogen, die ein ausgeglichenes Wesen haben und den Herrn lieben, und einen Sohn im Teenageralter, der ebenfalls den Weg des Glaubens gehen möchte. Unseren drei Kindern wird Respekt entgegengebracht, von Christen wie von Nichtchristen.

Ich sage das nicht aus Arroganz, sondern aus tiefer Dankbarkeit unserem Herrn und meiner Frau Beth gegenüber.

Seit vielen Jahren leiten wir Hausbibelkreise mit Paaren ab 20. Diese Paare stellen immer wieder die gleichen Fragen:

- Wie kommt es, dass Ihre Kinder Freude daran haben, über Glaubensthemen zu reden?
- Wie haben Sie es geschafft, dass Ihr Sohn anderen gegenüber so höflich ist, dass er ihnen in die Augen sieht und mit ihnen spricht?
- Wie hat Ihre Tochter es geschafft, während des Studiums an ihrem Glauben festzuhalten?

Wir beantworten diese Fragen immer so: Wir haben unsere Kinder gelehrt, den Herrn zu lieben, anderen Menschen

Wertschätzung entgegenzubringen und ihre Gaben und Fähigkeiten für Gott einzusetzen.

Als also Heather, die junge Mutter, zu mir sagte: „Ich möchte, dass meine Kinder glauben und Jesus Christus lieben lernen", rührte mich das sehr an. Denn das ist mein tägliches Gebetsanliegen für meine eigene Familie, und es ist auch mein sehnlicher Wunsch für andere Familien. Ich möchte Eltern helfen, ihren Kindern ein wichtiges Vermächtnis weiterzugeben: eine brennende und authentische Liebe zu Gott und das von Herzen kommende Bedürfnis nach einer echten Beziehung zu Jesus Christus.

Mitläufer und Militaristen

Seit über 20 Jahren arbeite ich in einer großartigen Gemeinde, in der an jedem Wochenende etwa 20.000 Menschen zusammenkommen, um Gott anzubeten. In meinem Dienst begegne ich allen möglichen Familien. Manche von ihnen haben den aufrichtigen Wunsch, eine Familie zu sein, die unseren Herrn Jesus Christus wirklich liebt. Aber wie in den meisten anderen Gemeinden auch gibt es viele Mitläufer. Sie spielen ihre Rolle während des Gottesdienstes am Sonntagmorgen gut. Am Montag jedoch sind sie von anderen Durchschnittsbürgern kaum zu unterscheiden.

Andere Eltern dagegen neigen zu einer fast militärischen Perfektion. Sie dressieren ihre Kinder förmlich, damit sie immer schön artig sind und alles richtig machen, wenn man sie beobachtet. Sie wollen, dass ihre Kinder aufs Wort gehorchen, wie der Cockerspaniel, der im

Dressurwettbewerb den ersten Preis gewinnt. Aber diese Eltern nehmen sich kaum Zeit für offene Gespräche oder für das, was sich unter der Oberfläche abspielt.

Meine Frau Beth und ich lieben unsere Kinder. Sie machen uns stolz, und gelegentlich enttäuschen sie uns auch, aber das beruht auf Gegenseitigkeit. Auf unserem gemeinsamen Weg haben wir eine Menge Fehler gemacht. Und im Laufe der Zeit haben wir so manche Erfahrung gemacht, die wir an andere Eltern weitergeben können.

Niemand macht immer alles richtig.

Ich erinnere mich noch, wie ich einmal unsere damals drei Jahre alte Tochter beobachtete. Sie krabbelte auf der Küchenanrichte herum und brüllte dabei wie ein Löwe. Ich fragte sie: „Hat Mami dir das erlaubt?"

Sie antwortete: „Nein, aber du erlaubst es mir!"

Es ist mein Wunsch und Gebet, dass Sie aus unseren Fehlern genauso lernen wie aus unseren Erfolgen.

Glaube vom Fließband

Manche von Ihnen greifen zu diesem Buch in der Erwartung, darin einen leichten Kunstgriff oder eine schnelle Lösung für die Kindererziehung zu finden. Andere wieder sind auf der Suche nach einem Ratgeber, der sie Schritt für Schritt zum gewünschten Ziel leitet.

Wenn Sie zu einer dieser beiden Kategorien von Lesern gehören, dann hoffe ich sehr, dass Sie noch die Quittung aufgehoben haben, als Sie das Buch gekauft haben! Denn so etwas wie Glauben vom Fließband gibt es nicht, nach dem Motto: Machen Sie die Häkchen an den richtigen

Stellen, und siehe da, das Ergebnis ist ein Kind, das den christlichen Glauben lebt.

Oft werden in diesem Zusammenhang die Worte in Sprüche 22,6 zitiert: „Erziehe den Knaben seinem Weg gemäß; er wird nicht davon weichen, auch wenn er älter wird." Aber dieser Text ist als allgemeines Prinzip zu verstehen, nicht als unerschütterliches Versprechen. Seien wir doch ehrlich: Nur perfekte Eltern erziehen auch perfekte Kinder. (Aber bei meiner letzten Überprüfung habe ich festgestellt, dass es keine perfekten Kinder und auch keine perfekten Eltern gibt!) Es gibt keinen absolut sicheren Plan. Denn da ist auch noch diese winzige Kleinigkeit, die man freien Willen nennt. Diese Kleinigkeit entscheidet auch bei Ihren Kindern über die Art, wie sie als Erwachsene ihren Glauben leben werden.

Andererseits ist ein christliches Zuhause kein Produkt des Zufalls, genauso wenig wie Kinder, die unseren Herrn Jesus Christus lieben. Wir können eine Menge tun, um das Glaubensleben unserer Kinder zum richtigen Ziel zu führen. Wir können unsere Bemühungen bewusst in die richtigen Kanäle leiten. Wir können unseren Kindern den Weg bereiten. Wir können ihnen echten Glauben vorleben und Gott immer wieder darum bitten, ihre Herzen zu verändern.

Und wir können uns auf die richtigen Prioritäten konzentrieren.

Ob Ihre Kinder im Teenager- oder im Kleinkindalter sind, ob Sie sich mit ihnen gerade auf das

Examen vorbereiten oder mit ihnen das Töpfchentraining beginnen – Sie können sie zu jedem Zeitpunkt für Jesus Christus begeistern. Je früher Sie damit beginnen, desto besser, aber es ist nie zu spät.

Die beste Zeit, einen Eichenbaum zu pflanzen, war vor 25 Jahren.

Die zweitbeste Zeit ist heute.

Wenn Sie möchten, dass Ihre Kinder glauben und unseren Herrn Jesus Christus lieben lernen, dann begleiten Sie mich auf dieser Reise. Wir wollen gemeinsam danach streben, eine Familie nach Gottes Willen zu sein, keine Familie, die aus Mitläufern besteht, keine perfekte Familie, sondern eine Familie, in der unsere Kinder glauben und unseren Herrn Jesus Christus lieben lernen.

2

Hinter der Fassade

Die 20-jährige Katie stand in der Mitte des Raums. Ihre Eltern, ihre Schwester und ihre engsten Freunde bildeten einen Kreis um sie. Ihre Suchthilfe-Intervention war für sie die Stunde der Wahrheit. Ihre Hände zitterten, und ihre Stimme klang unsicher, als sie die grauenhaften Details ihrer Drogen- und Alkoholsucht bekannte. Alle hörten ihr aufmerksam zu, und dann begannen sie, auf ihr Bekenntnis zu reagieren. Offen und ehrlich sprachen sie über den Schmerz, den sie selbst durch Katies Sucht erlitten hatten. Dann versprachen sie, ihr während der Entziehungskur und im Genesungsprozess beizustehen. Es war eine Zeit, in der offene Wunden zutagetraten, aber auch zu heilen begannen.

Aber dann kam ihre Mutter an die Reihe.

„Katie", sagte sie. „Ich bin auch abhängig. Ich bin abhängig von dem Vater, dem Sohn und dem Heiligen Geist."

Zunächst folgte auf diese Worte tiefes Schweigen, weil niemand so recht fassen konnte, was die Mutter gesagt hatte. Dann sah ihre Tochter ihr in die Augen und erwiderte: „Deine Religion ist ein Witz. Du machst dir selbst und anderen etwas vor."

Im weiteren Verlauf der Therapiesitzung wurde die Wahrheit über Katies Familie freigelegt: Ihre Eltern hatten sie zwar regelmäßig in den Gottesdienst mitgenommen, aber ihr Christentum war bloß Schauspielerei. Sie lebten ihren Glauben nicht. Er hatte keine Auswirkungen auf ihr Leben oder auf die Art, wie sie als Familie miteinander umgingen.

Mit 14 hatte Katie die Nase voll. Sie sagte zu ihren Eltern: „Ich will mir selbst und anderen nichts mehr vormachen." An jenem Abend lief sie von zu Hause weg. Sie begann, mit Drogen herumzuexperimentieren. Die nächsten Jahre verbrachte sie in Entzugskliniken, wenn sie nicht gerade auf einem Drogentrip war.

Ein Bekannter von mir erlebte Katies Therapiesitzung hautnah mit. „Mir lief es eiskalt den Rücken runter", berichtete er. „Ich will niemals erleben, dass meine Kinder mit dem Finger auf mich zeigen und zu mir sagen: ‚Dein Glaube ist ein Witz, und du machst dir selbst und anderen etwas vor.'"

Ich will so etwas auch nicht erleben.

Heilig oder hohl

Jesus wurde in seinem Leben hautnah mit einer Menge Heuchelei konfrontiert. Seine Zeitgenossen, die Pharisäer, waren Katies Eltern sehr ähnlich. Sie verhielten sich religiös und beanspruchten für sich eine enge Beziehung zu Gott, aber das alles war bloß eine fromme Fassade. Sie waren nicht so, wie sie sich gaben. Sie gebrauchten die richtigen Worte, aber sie praktizierten nicht das, was sie predigten. Jesus ließ sie nicht so leicht davonkommen. Er nannte sie „übertünchte Gräber", „inwendig [...] voll von Totengebeinen" (Matthäus 23,27).

Auch in unserer Generation gibt es eine Vielzahl von „übertünchten Gräbern": Familien, die heilig zu sein scheinen, sich aber bei näherer Betrachtung als hohl erweisen. Sie sind wie ein Osterhase aus Schokolade. Man meint, er sei massiv und sättigend, aber wenn man ihn essen will, stellt man fest, dass er bloß eine zerbrechliche und leere Hülle ist. Hier trügt der schöne Schein. Wenn unser Glaube nur eine leere Hülle und unser Christentum bloß eine religiöse Handlung ist, dann dürfen wir von unseren Kindern nicht verlangen, dass sie unserem Glauben Respekt entgegenbringen oder uns auf unserem Weg folgen. Wenn wir uns eine Familie wünschen, die den Herrn liebt und ehrt, dann beginnt dieser Prozess mit unserer eigenen Glaubwürdigkeit, mit einem Glauben, der unser Leben und unsere Liebe prägt, und zwar an jedem Tag neu.

Das ist der Auftrag und die Herausforderung Gottes an uns.

Das ist das Beispiel, das Jesus uns vorgelebt hat.

Eine Warnung an Eltern

Vielleicht sollte ich an diesen Abschnitt ein Etikett kleben mit der Aufschrift: Achtung! Die folgenden Ausführungen könnten mitten ins Schwarze treffen.

Das ist wörtlich gemeint.

Aber ich verspreche Ihnen, dass ich mit diesem Abschnitt nicht auf Sie abziele. Ich habe auch nicht mit Ihrem Ehepartner oder Ihren Nachbarn gesprochen. Wenn Sie meinen, ich hätte Sie belauscht oder Ihre Familie ausspioniert, dann sollten Sie wissen: Alle Eltern haben mit den gleichen Fragen zu kämpfen. Wir alle stehen vor den gleichen Problemen und Herausforderungen.

Der Comedian Jim Gaffigan sagte einmal: „Manchmal fühle ich mich untauglich als Elternteil. Ich nenne solche Zeiten meine wachen Momente."[1]

Können Sie diese Worte nachempfinden? Ich schon.

Eine gottgemäß lebende Familie wird man nicht über Nacht. Man kann es auch nicht aus einem Kurzratgeber lernen. So etwas braucht Zeit, Engagement und Offenheit. Es gibt dafür keine einfachen Antworten und meistens gibt es auch keine einfachen Fragen.

In Wirklichkeit geht es doch darum, das Hohle vom Heiligen zu trennen, den schönen Schein zu trennen von der Bereitschaft, extrem viel Zeit, Leidenschaft und Gebet zu investieren, um unsere Kinder im Glauben anzuleiten.

In Wirklichkeit geht es darum, den Auftrag Jesu in unserem Leben als Eltern zu verwirklichen.

Jesus hat das, was er von uns erwartet, auf diese Kurzformel gebracht: „Trachtet aber zuerst nach dem Reich Gottes und nach seiner Gerechtigkeit! Und dies alles wird euch hinzugefügt werden“ (Matthäus 6,33). Wie stellen wir das aber an? Worin besteht der Unterschied zwischen einem Familienleben, das vom Reichtum eines gelebten Glaubens geprägt ist, und einem Familienleben, das auf den schönen Schein und ein gutes Image aufbaut?

Es ist ein einfaches Prinzip, aber es kann unbequem werden, wenn wir es uns zu Herzen nehmen: *Die Wahrscheinlichkeit, dass unsere Kinder den Herrn lieben, ist größer, wenn wir ihn lieben.*

Sein oder Schein

Wenn der Glaube im Leben von Eltern Gestalt annimmt und sie ihn im Alltag voller Freude und Aufrichtigkeit ausleben, dann hat der Glaube auch für ihre Kinder eine große Anziehungskraft. Kinder wollen etwas Echtes, und sie wollen jemandem folgen, der echt ist. Die Art, wie Sie sich bei Triumphen und Herausforderungen verhalten, bei Erfolgen und bei Sünden, die Art, wie Sie Vergebung üben oder Verantwortung übernehmen, kann Ihre Kinder zu einer authentischen Beziehung zu Jesus Christus führen.

Aber Ihr Glaube muss sich in Worten und Taten erweisen. Er kann nicht bloß eine Worthülse bleiben, sondern er muss Ausdruck Ihrer Persönlichkeit und Ihres Verhaltens sein, immer wieder, jeden Tag aufs Neue. Die Art, wie Sie handeln, entspringt Ihrer Identität in Jesus Christus. Das betrifft auch Ihr Verhalten, wenn Sie sich viele Kilometer von Ihrer Familie entfernt auf einer Geschäftsreise befinden. Das betrifft die Art, wie Sie auf Annäherungsversuche eines Kollegen/einer Kollegin reagieren, Ihre Antwort auf den Tratsch einer Nachbarin oder Ihre Reaktion, wenn Ihr Chef Sie unter Druck setzt, damit Sie beim Budget schummeln.

Ihr wahrer Charakter tritt dann zutage, wenn niemand Sie beobachtet. Aber Sie können darauf zählen, dass Ihre Kinder Sie beobachten. Sie bemerken die Blicke, die Sie auf andere Frauen werfen. Sie hören es, wenn Sie harmlose Lügen erzählen. Sie spüren es, wenn Sie Ihre Ehe in rosigen Farben malen, obwohl sie alles andere als harmonisch ist. Kinderaugen sehen, Kinderohren hören. Sie bekommen alles mit. Sie sehen, wie Sie sich in der Öffentlichkeit und im Privatleben verhalten. Sie haben ein besonderes Talent, Heuchelei aufzudecken. Wenn Sie mit Ihren Kindern unter einem Dach wohnen, ist es schwer, ein doppelbödiges Leben zu führen.

Wenn das Telefon klingelt, Ihr Ehepartner abnimmt und Sie mit den Lippen die Worte formen: „Sag ihr, ich bin nicht da", dann seien Sie nicht überrascht, wenn Ihre Tochter Sie anlügt, um sich aus einer unangenehmen Situation mit ihren Schulnoten oder ihrem Freund herauszuwinden.

Ich habe es schon zigmal gehört: Ein Kind gerät in der Schule oder im Studium auf Abwege. Die Eltern kommen zu mir und sind fassungslos. „Wir verstehen das nicht. Er ist doch in einem christlichen Umfeld, in einer Gemeinde, aufgewachsen."

In solchen Situationen liegt mir die Frage auf der Zunge: „Und was haben Sie ihm zu Hause vorgelebt?"

Chris Dewelt, Professor der Missionswissenschaft am *Ozark Christian College* in Joplin, Missouri, hat es so ausgedrückt:

> *Ich muss derselbe sein, ob ich nun einen Abendmahlskelch in der Hand habe oder eine Fernbedienung. Ich muss derselbe sein, ob ich nun tausend Kilometer entfernt in einem Hotelzimmer sitze oder im Wohnzimmer bei meinen Kindern. Ich muss derselbe sein, ob ich nun in meiner Bibel lese oder in einem Buchladen stöbere. Ich muss derselbe sein, ob ich nun bei der Arbeit eine Pause mache oder den durch den Gottesdienstraum meiner Gemeinde gehe. Denn was wirklich zählt, ist meine Integrität, meine Reinheit und meine Treue.*[2]

Gott erwartet von uns, dass wir echt sind, dass unseren Worten Taten folgen und wir ehrlich zu uns selbst und zu anderen sind. Ein Leben im schönen Schein ist nicht nur anstrengend, sondern es schadet auch den Menschen, die wir lieben. Wenn wir uns selbst und anderen etwas vormachen, wirkt sich das verheerend auf unser Familienleben aus, denn wir senden damit mehrdeutige Signale an die Kinder, denen wir Orientierung geben wollen.

Wenn Sie mir nicht glauben, fragen Sie die Katies dieser Welt.

Was wirklich zählt

Vor ein paar Jahren begegnete ich einer Nachbarin, als ich gerade den Lebensmittelladen verließ. Wir kamen ins Gespräch und sie prahlte sofort mit ihren Kindern. Der eine Sohn war Arzt geworden, der andere Wirtschaftsprüfer. „Da sehen Sie mal", sagte sie voller Stolz. „Wir sind als Eltern doch ziemlich erfolgreich gewesen!"

Auf dem Weg zum Auto hatte ich ein ungutes Gefühl. Bitte verstehen Sie mich nicht falsch. Ich wünsche mir für meine Kinder auch, dass sie eine gute Ausbildung machen und Erfolg im Beruf haben. Aber diese Ziele sind nicht ausschlaggebend für meinen Erfolg in der Kindererziehung. Was wirklich zählt, ist doch, dass meine Kinder sich in ihrem Leben am Willen Gottes orientieren. Für mich ist es nicht so entscheidend, ob mein Sohn ein erfolgreicher Chirurg wird, ob er nach einem Jahr sein Studium abbricht, um an einem Projekt in einem Entwicklungsland mitzuarbeiten oder ob er in einer Imbissstube Hamburger verkauft. Wenn er seinen Weg mit Jesus geht und offen ist für das Wirken des Geistes Gottes, dann habe ich als Elternteil meine Arbeit gut gemacht.

In einem können Sie sich sicher sein: Ihre Kinder werden sich an Ihnen orientieren und dann auch Ihre Erwartungen erfüllen. Wenn Sie ihnen mit Ihrer Erziehungsmethode den Gedanken vermitteln, das Ziel des Erwachsenwerdens bestehe darin, einen gut bezahlten Job zu haben und ein teures Haus zu besitzen, dann werden Ihre Kinder diese Ziele mit mehr Engagement verfolgen als den Weg des Glaubens.

Natürlich ist es nicht verkehrt, ein abgeschlossenes Studium oder ein schönes Haus zu haben. Diese Dinge sind keine Sünde, aber es sind eben nur Dinge. Und wie alle anderen Dinge sind sie zweitrangig, wenn es um die Liebe zu Jesus geht. Die persönliche Beziehung zu ihm stellt alles andere in den Schatten. Und es *ist* eine persönliche Beziehung. Christsein ist mehr als regelmäßiger Gottesdienstbesuch oder das Einhalten bestimmter religiöser Formen. Es geht dabei um Vertrauen und Hingabe. Kinder lernen die Liebe zu Gott nicht im Kindergottesdienst. Sie lernen den Glauben, indem sie sich an Vorbildern orientieren. Das Ziel dieses Lernprozesses besteht darin, dass der Glaube im Herzen unserer Kinder verwurzelt ist und sie die Anbetung Gottes nicht als lästige Pflicht empfinden, sondern als echtes Bedürfnis.

Leider ist für viele Menschen heute die Zugehörigkeit zu einer christlichen Gemeinde wie die Mitgliedschaft in einem Verein, eine gesellschaftliche Verpflichtung oder die Möglichkeit, Beziehungen zu knüpfen und zu pflegen. Und so lernen Kinder anstelle der Liebe zu Jesus, die Glaubensfassade nachzuahmen, die sie in ihrem Umfeld beobachten. Wenn sie eigene Familien gründen, führen sie diesen Kreislauf der Heuchelei weiter, weil sie als Heranwachsende nichts anderes kennengelernt haben. Das führt dann so weit, dass sie sich im Gottesdienst anders verhalten als zu Hause, am Arbeitsplatz oder bei ihren Nachbarn.

Wenn wir wollen, dass unsere Kinder lernen, wie sie Gott lieben und dienen können, müssen wir unsere

Prioritäten klar abstecken. Wie Josua müssen wir den Menschen um uns herum ins Auge blicken und sagen: „Ist es aber übel in euren Augen, dem HERRN zu dienen, dann erwählt euch heute, wem ihr dienen wollt ... Ich aber und mein Haus, wir wollen dem HERRN dienen!" (Josua 24,15).

Jesus – die Nummer eins im Leben

Eine Schülerin aus Georgia wollte gerne ins Cheerleader-Team ihrer Schule. Sie bestand alle dafür notwendigen Prüfungen, aber ein paar Wochen später setzte die Teamleiterin für Mittwochabend eine Probe an. Die Schülerin hatte sich für diesen Abend jedoch zur Teilnahme an einer Bibelstunde in ihrer Gemeinde angemeldet. Deshalb teilte sie der Trainerin diesen Termin mit und versäumte die Probe. Die Frau war darüber so verärgert, dass sie den Probenplan absichtlich abänderte, sodass die Proben jetzt regelmäßig am Mittwochabend stattfanden. Dann sagte sie zu der Schülerin: „Wenn du noch eine Probe versäumst, fliegst du aus dem Team."

Der Mittwochabend kam, aber die Schülerin beugte sich dem Druck nicht. Sie ging in die Bibelstunde. Am nächsten Morgen kam die Trainerin während der ersten Stunde herein und sprach die Jugendliche an. „Wo warst du gestern Abend?"

„Ich denke, Sie wissen, wo ich war", erwiderte die Schülerin höflich. „Ich war in meiner Gemeinde."

„Na, dann weißt du ja, was das bedeutet. Ab heute gehörst du nicht mehr zum Cheerleader-Team."

„Das ist mir schon klar", sagte die Schülerin. „Ich wusste, dass es so kommen würde, als ich mich entschied, weiter in die Bibelstunde zu gehen. Aber eins sollten Sie über mich wissen: Ich bin eine Christin, die unter anderem auch im Cheerleader-Team ist, nicht ein Mitglied des Cheerleader-Teams, das unter anderem auch Christ ist."

Dieses Ziel sollten wir als Eltern verfolgen: Aus unseren Kindern sollen Menschen werden, die Jesus den ersten Platz in ihrem Leben einräumen, die sich im Privatleben genauso verhalten wie in der Öffentlichkeit – ohne Rücksicht auf die Folgen. Diese konsequente Haltung übernehmen sie häufig von Eltern, die ihren Kindern einen echten, glaubwürdigen Glauben vorgelebt und vermittelt haben. Offenbar haben die Eltern der Schülerin in unserem Beispiel ihre Tochter frühzeitig darauf vorbereitet, zu ihrem Glauben zu stehen. Sie hatte einen echten Glauben, der auch großen Herausforderungen gewachsen war. Deshalb gab sie auch nicht nach, als man versuchte, sie unter Druck zu setzen und zu manipulieren. Sie hatte sich entschlossen, den Weg des Glaubens zu gehen. Durch ihr Verhalten gab sie ihren Mitmenschen eins zu verstehen: „Ich aber und mein Haus, wir wollen dem HERRN dienen!"

Ich möchte Sie etwas fragen: Gehören Sie zu der Sorte Eltern, die unter anderem auch Christen sind, oder zu der Sorte, die Christen und unter anderem auch Eltern sind? Eine christliche Familie entsteht nicht durch eine magische Formel oder in einem Augenblick, weil wir uns das so wünschen. Wir sollten es ernst meinen, wenn wir unseren Glauben weitergeben, wenn wir ein gottgemäßes Leben führen wollen, und zwar nicht nur dann, wenn wir uns beobachtet fühlen, sondern immer, tagein, tagaus.

Wenn Sie so sind wie ich, dann haben auch Sie ein ungutes Gefühl wegen Ihrer Defizite als Elternteil und wegen der Heuchelei, die sich in bestimmten Bereichen Ihres Lebens eingeschlichen hat. Sie können Fehler aus der Vergangenheit nicht ungeschehen machen, denn schließlich ist es unmöglich, Rühreier wieder in ganze Eier zu verwandeln. Aber denken Sie an die Worte in Römer 8,1: „Also gibt es jetzt keine Verdammnis für die, die in Christus Jesus sind." Gott geht es mehr um die Richtung, die Sie einschlagen, als um Perfektion. Er wünscht sich von uns, dass wir in unserem Leben konsequent und glaubwürdig sind. Er erwartet von uns keine religiöse Fassade, sondern echten Glauben, echtes Vertrauen.

Wenn Sie also die Last Ihrer eigenen Defizite spüren, dann bekennen Sie Gott jene kleinen Sünden der Verlogenheit, mit denen Sie Ihren Kindern eine falsche Botschaft vermittelt haben. Bitten Sie Gott um Hilfe, damit Sie als Christ authentisch sind und ein Leben in echter Hingabe und Leidenschaft für ihn führen können. Die Welt braucht keine Eltern, die sich wie ein Chamäleon ihrer jeweiligen

Umgebung anpassen. Ihre Kinder brauchen Eltern, die ihren Glauben wirklich leben.

Niemand kann von sich behaupten, vollkommen zu sein. Aber wir können in unserer Beziehung zu Gott ehrlich sein und in unserem Glauben reifer werden. Wir können unseren Glauben glaubwürdig und authentisch leben. Und wir können diesen Glauben an die nächste Generation weitergeben.

Wir können zu Menschen werden, die Jesus Christus lieben und diese Liebe leben, auch dann, wenn wir uns nicht beobachtet fühlen.

3

Das wichtigste Wort

Was ist das wichtigste Wort in unserer Sprache? Stellen Sie diese Frage einmal ein paar Leuten. Fragen Sie zum Beispiel den Selbsthilfe-Guru, der sein Geld mit Ratschlägen zum Thema „Burnout“ verdient. Er wird Ihnen sagen: „Sie müssen sich über Ihre Werte und Prioritäten klar werden. Sie müssen Grenzen setzen. Sie müssen lernen, Nein zu sagen.“

Fragen Sie die chronisch überforderte Mutter eines Kleinkinds oder eines pubertierenden Teenagers. Sie weiß, dass man Kindern Grenzen setzen muss, dass man konsequent sein und lernen muss, Nein zu sagen. Fragen Sie ein x-beliebiges Kind im Alter von zwei Jahren: Broccoli? Bohnengemüse? Bettzeit? Die Antwort ist immer die gleiche: Nein! Nein! NEIN!

Alle sagen aus unterschiedlichen Gründen das Gleiche. Also ist „Nein“ das wichtigste Wort in unserer Sprache. Das Problem ist nur: Alle haben Unrecht.

Da hilft nur noch Beten

Für Eltern, die Jesus lieben und diese Liebe an einen Sohn oder eine Tochter weitergeben wollen, ist nicht „Nein" das wichtigste Wort, sondern „Beten". Die folgenden Sätze habe ich schon zigmal gehört – und Sie wahrscheinlich auch: „Ich weiß nicht, was ich machen soll, und ich weiß auch nicht, wie ich hier noch helfen soll. Da hilft nur noch Beten."

„Da hilft nur noch ..." – das klingt so, als ob Beten nur ein letzter Ausweg und ein armseliger Ersatz für unser Handeln wäre. Dabei gehört Beten zu den wichtigsten Dingen, die Eltern für ihre Kinder tun können. Sie können *mit* Ihren Kindern beten und *für* sie. Sie können in Krisenzeiten beten und in Zeiten der Freude. Sie brauchen auch keinen besonderen Anlass zum Beten. Es genügt, wenn Sie Gott für seine Güte danken. Ihre Kinder sollten hören, wie Sie beten, damit sie es dadurch lernen können.

Unsere älteste Tochter Savannah war erst drei Jahre alt, als so ein Augenblick gekommen war. Sie war zusammen mit meiner Frau Beth auf dem Weg zum Auto. Es war ein ganz normaler Tag. Der Himmel war blau und kleine weiße Wolken zogen ihre Bahn. Es war so ein Tag, an dem man die Schönheit der Wolkenformationen vielleicht bemerkt, vielleicht aber auch darüber hinwegsieht, weil man so beschäftigt ist. Meine Frau ging jedoch viel weiter, als sie auf den Himmel deutete und sagte: „Schau doch mal, Savannah!“ Hat Gott da nicht ein paar schöne Wolken in den Himmel gesetzt?“ Savannah blieb stehen und sah nach oben. Dann streckte sie den erhobenen Daumen gen Himmel. „Super gemacht, Gott!“ rief sie.

Genau darum geht es beim Beten. Blumige, wohlgesetzte Worte sind nicht nötig. Es reicht, wenn man offen und ehrlich zum Ausdruck bringt, wer Gott ist und wozu er fähig ist.

Beten verändert ... mich

Bestimmt haben Sie auch schon die Aussage gehört: „Beten wirkt Wunder.“ Natürlich glauben wir daran, dass Gott Gebete erhört. Natürlich greift Gott ein. Natürlich geschehen auch Wunder. Natürlich verändert Gott auch Umstände. Aber die wichtigste Veränderung geschieht an der Person, die ein Gebet spricht. Im Laufe der Jahre habe ich gelernt, dass immer dann „Zufälle“ geschehen, wenn ich bete. Diese „Zufälle“ passieren nicht, wenn ich nicht bete. Gebet kann Veränderung bewirken – bei Ihnen, bei Ihren Kindern und in der Art, wie Sie Ihre Elternrolle ausfüllen. Im Gebet gesprochene Worte sind die wichtigsten, die wir aussprechen können. Leider nutzen wir als Eltern diese Kraftquelle jedoch viel zu wenig.

Natürlich meinen wir es gut. Wir denken bloß nicht dran, bis wir in eine Krise geraten. Dann ist das Beten für uns kein Lebensprinzip, sondern wie ein Rettungsring, an den wir uns so verzweifelt klammern wie Ertrinkende. Aber wenn wir unsere Familie lieben und wenn wir wollen, dass unsere Kinder glauben lernen, dann sollte es uns so leichtfallen wie das Atmen, für sie zu beten. Das Beten gehört auch zu jenen Prioritäten im Leben, die vergleichbar sind mit den obersten Knöpfen einer Bluse oder eines Hemdes. Auch beim Beten lohnt es sich, gleich von Anfang an damit zu beginnen.

Wenn wir verzweifeln wollen

Den meisten Menschen in der westlichen Welt geht ihre Unabhängigkeit über alles. Das geht sogar so weit, dass wir lieber 40 Jahre lang in der Wüste umherirren, als innezuhalten und nach dem Weg zu fragen. Wir fordern uns bis zum Letzten, anstatt zuzugeben, dass wir nicht alles allein schaffen können. Unter dem Kostüm oder Anzug, dem Blaumann oder der Robe des Richters, unter Jeans und Sweatshirt tragen wir alle ein imaginäres Supermann-Kostüm, weil wir meinen, wir seien dazu berufen, die Welt zu retten. Auch unser Leben als Eltern verläuft auf der Überholspur, weil wir der Lüge glauben, wir könnten alles selbst regeln. Wenn wir aus diesem trügerischen Traum erwachen, endlich unseren Stolz herunterschlucken und Gott um Hilfe bitten, sind unsere Kinder bereits im Teenageralter und die Würfel für ihr Leben sind gefallen.

Vance Havner hatte recht, als er sagte: „Die Lage ist zwar verzweifelt, aber wir sind nicht verzweifelt."[3]

Warum also sollen wir beten? Weil das Beten ein Ausdruck unserer Abhängigkeit von Gott ist, von unserer Erkenntnis, dass wir tatsächlich verzweifeln könnten, wenn wir Gott nicht um seine Gegenwart und Hilfe bitten. Wenn

wir beten, dann flehen wir Gott um seine Unterstützung an, wir laden ihn in unser Leben ein. Aber wir sollten auch verstehen, was das bedeutet. Gott kommt in unser Herz, in unser Leben und unsere Familie, wenn wir ihn dazu einladen, aber er bleibt ein Leben lang, denn er ist kein Gelegenheitsbesucher, der ab und zu mal vorbeischaut, um uns zu helfen. Wenn wir beten, ist es nicht bloß mit einem kurzen Stoßgebet getan, das wir himmelwärts schicken, wenn wir als Eltern mit Problemen zu kämpfen haben. Beten ist ein Vorrecht, und deshalb sollte es zu einer Priorität in unserem Leben werden. Beten ist auch die Erkenntnis, dass wir einer Situation nicht gewachsen sind.

Vielleicht spüren Sie gerade jetzt diese Verzweiflung. Vielleicht läuft in Ihrer Familie momentan vieles schief, und Sie haben Angst, es könnte zu spät sein für eine Veränderung. Vielleicht fragen Sie sich auch, ob Gott die Zeit, die Sie vergeudet haben, von Ihnen zurückfordern könnte.

Lernen Sie von einem jungen Mädchen, das mit einem Engel sprach und entdeckte, dass sie schwanger war. Diese junge Frau sollte den lange erwarteten Messias zur Welt bringen. Der Engel sagte zu ihr: „Denn bei Gott ist nichts unmöglich“ (Lukas 1,37; NLB). Unser Gott ist darauf spezialisiert, aus nichts etwas zu machen und Schmuck aus Asche entstehen zu lassen.

Brauchen Sie Weisheit für die großen Herausforderungen, vor denen Sie als Eltern stehen? Dann habe ich eine gute Nachricht für Sie: „Wenn aber jemand von

euch Weisheit mangelt, so bitte er Gott, der allen willig gibt und keine Vorwürfe macht, und sie wird ihm gegeben werden" (Jakobus 1,5). Wenn wir Gott im Gebet unsere Abhängigkeit von ihm bekennen, dann öffnen wir ihm eine Tür, damit er hereinkommen und Veränderung bewirken kann.

Er kann auch uns verändern.

Machen wir uns doch nichts vor. Sie sind kein Supermann. Sie sind keine Superfrau. Sie können die Welt nicht retten. Aber als Kind Gottes haben Sie eine enorme Kraftquelle zur Verfügung.

Zapfen Sie diese Kraftquelle an. Füllen Sie Ihren Tank. Die Aufgabe, Kinder zu erziehen, die ein Leben nach dem Willen Gottes führen, ist zu groß für uns. Wir können diese Aufgabe nur dann bewältigen, wenn wir an der richtigen Stelle beginnen: auf den Knien.

Die wichtigste Lektion

In Lukas 11 haben die Jünger an Jesus eine Bitte: „Herr, lehre uns beten." Als in Washington der Gottesdienst zum Nationalen Tag des Gebets stattfand, stellte der Senatsgeistliche Barry Black eine interessante Frage über diesen Textabschnitt: „Als die Jünger den Herrn um Rat fragten, wollten sie nicht wissen, wie man eine große Menschenmenge mit dem Mittagessen eines einzigen Jungen sattbekommt. Sie wollten auch nicht wissen, wie man Dämonen austreibt oder auf dem Wasser gehen kann. Stattdessen sagten sie: ‚Herr, lehre uns beten.'"

Warum hatten sie diese Bitte? Offenbar hatten sie eine Wechselwirkung zwischen der Macht Jesu und seinen Gebeten bemerkt.[4] Und sie waren zumindest in diesem Fall so demütig, dass sie sich eingestanden: „Ich weiß nicht, *wie ich beten soll.*"

Vielleicht haben Sie dasselbe Problem wie die Jünger Jesu. Vielleicht haben Sie noch zu viele altmodische Formulierungen im Ohr und eine Sprache, die eher wie Dantes Dichtung klingt als wie ein echter Dialog. Ich möchte Sie in diesem Punkt beruhigen. Gott lässt sich nicht von blumigen Worten, abgedroschenen Phrasen oder auswendig gelernten Sätzen beeindrucken. Er ist vielmehr interessiert an echten Gedanken, die direkt aus Ihrem Herzen kommen (vgl. Lukas 18,9-14).

Beten ist nichts anderes als ein Gespräch zwischen Ihnen und Gott. Das ist alles. Punktum.

Und Sie können mir eins glauben: Gott möchte wirklich von Ihnen hören.

Sie brauchen bloß Sie selbst zu sein. Beten Sie so, wie Ihnen der Schnabel gewachsen ist. Leben Sie das auch Ihren Kindern vor. Zeigen Sie ihnen, dass das Reden mit Gott so natürlich sein kann wie das Gespräch mit anderen Menschen.

Suchen Sie sich einen bestimmten Zeitpunkt im Laufe des Tages, und teilen Sie Gott regelmäßig mit, was Sie über Ihre Elternrolle denken und was Sie auf dem Herzen haben. Erzählen Sie ihm von Ihren Freuden und Ängsten. Seien Sie auch nicht zurückhaltend, wenn Sie Zweifel und Sorgen haben. Machen Sie sich vorher Gedanken über das, was Sie sagen wollen. Sprechen Sie mit Gott so respektvoll wie mit einem älteren Freund oder einer älteren Freundin.

Beten Sie für Ihre Kinder. Beten Sie gemeinsam mit Ihren Kindern. Bitten Sie Ihre Kinder, ebenfalls laut zu beten, und hören Sie genau zu, was sie sagen. Aller Wahrscheinlichkeit nach können Sie dabei lernen, wie ein unverfälschtes Gebet klingen kann. Je eher Sie damit anfangen, desto eher lernen Ihre Kinder, spontan und mühelos zu beten. Allmählich wird das Beten bei Ihnen und Ihren Kindern in Fleisch und Blut übergehen.

Führen Sie Ihre Kinder ins Gebet, wenn Sie im Auto sitzen und auf der Autobahn ein Krankenwagen an Ihnen vorbeifährt. Beten Sie für die Schüler, wenn sie am Schulgebäude um die Ecke fahren. Beten Sie für die Kinder auf dem Spielplatz, die alleinerziehende Mutter mit ihren drei rauflustigen Jungs, die einsame, in Vergessenheit geratene alte Frau im Rollstuhl, den Obdachlosen, der den Einkaufswagen mit seinen wenigen Besitztümern über die Straße schiebt. Nutzen Sie den Augenblick, um einfache Gebete für diese Menschen zu sprechen ... dann lassen Sie Ihren Gebeten Taten folgen, indem Sie Ihre Kinder in ein Obdachlosenheim oder das Altenheim mitnehmen und ihnen zeigen, wie sie dort mithelfen können. Denn was nützt ein Gebet, wenn es uns nicht zu Taten motiviert?

Ein Gebet ist wie eine Liebeserklärung an Gott. Je öfter Sie beten, desto leichter fällt es Ihnen.

Wenn wir für unsere Kinder beten

Erinnern Sie sich noch an das Gebet, das Jesus seinen Jüngern beigebracht hat, und das mit „Vater unser im Himmel" beginnt? Rufen Sie es sich doch noch einmal in Erinnerung.

Vater unser im Himmel, geheiligt werde dein Name. Dein Reich komme. Dein Wille geschehe, wie im Himmel so auf Erden. ... Führe uns nicht in Versuchung, sondern erlöse uns von dem Bösen.

Nur eine einzige Zeile enthält ein konkretes Anliegen: *Unser tägliches Brot gib uns heute.*

Das klingt so ganz und gar nicht wie unsere eigenen Gebete. Stimmt's? Häufig vergessen wir die Anbetung Gottes, den Dank und die Buße, weil wir nur auf unsere eigenen Forderungen fixiert sind.

Natürlich wollen wir das Beste für unsere Kinder. Natürlich möchten wir, dass ihre Bedürfnisse erfüllt werden. Es ist in Ordnung, wenn wir Gott unsere Bitten vorbringen. Aber wir sollten auch genügend Zeit damit verbringen, Gott anzubeten, ihm zu danken, und im Gebet für unsere Kinder den Schwerpunkt auf gute Charaktereigenschaften legen, auf innere Stärke und die Führung Gottes in ihrem Leben.

Für konkrete Anliegen beten

Unsere Tochter Savannah war in der achten Klasse, als sie die Schule wechseln wollte. Beth und ich hielten einen Schulwechsel für keine so gute Idee, aber wir wollten diese Situation in die Hände Gottes legen. Wenn wir das tun würden, würde er uns in die richtige Richtung lenken – uns alle.

Also hielten wir uns erst einmal mit unserer Meinung zurück und einigten uns, dass wir drei für diese Sache beten wollten.

Vielleicht ist es riskant, einen Teenager bei einer so wichtigen Entscheidung mitreden zu lassen. Aber der Herr hörte unsere Gebete und antwortete. Er sprach ganz leise zu Beth und zu mir, aber laut zu Savannah. Er gab ihr zu verstehen, dass er für sie eine Aufgabe habe, und zwar in der Schule, in der sie bereits war. Sie reagierte auf dieses Reden des Herrn und blieb an ihrer bisherigen Schule. Bald darauf übernahm sie wichtige Führungsaufgaben, unter anderem als Jahrgangssprecherin.

Vielleicht klingt es in Ihren Ohren ziemlich mystisch, wenn Sie Ihre Kinder auffordern sollen, um Weisheit oder eine „Antwort von oben" zu bitten. Aber denken Sie nur an Samuel. Er war ein kleiner Junge, als Gott ihn in der Nacht rief. Erst auf Elis Drängen hin antwortete er auf dieses Rufen. „Rede, HERR, denn dein Knecht hört!"

(1. Samuel 3,9). Später wurde aus dem kleinen Jungen einer der bedeutendsten Propheten in Israel.

Vielleicht müssen Ihre Kinder Selbstbeherrschung lernen oder Freundlichkeit gegenüber dem eigenen Bruder oder der Schwester. Vielleicht brauchen sie auch Mut für kluge und gottgemäße Entscheidungen.

Bringen Sie Ihren Kindern bei zu beten.

Vertrauen Sie Ihren Kindern.

Vertrauen Sie Gott.

Probieren Sie es aus. Sie werden verblüfft sein.

Für Bewahrung beten

Meine Frau und ich versuchen, täglich für unsere Kinder zu beten. Mir gelingt das auch ganz gut, aber Beth hat es darin zur hohen Kunst gebracht. Sie bringt für jedes unserer Kinder die folgenden Bereiche im Gebet vor Gott. Sie betet für ...

- *das Glaubensleben* – für Wachstum im Glauben und immer größere Liebe zu Jesus
- *den Körper* – für Gesundheit und Sicherheit
- *die Sexualität* – für Reinheit der Gedanken und des Körpers
- *die Gedanken* – für Klarheit, damit sie kluge Entscheidungen treffen können
- *die Gefühle* – für Bewahrung vor emotionalem Schaden
- *die zwischenmenschlichen Beziehungen* – für ihre Freundschaften und künftigen Ehepartner

Jeder Punkt dieser Liste ist wichtig, aber das Gebet für die zwischenmenschlichen Beziehungen unserer Kinder ist von entscheidender Bedeutung, wenn wir wollen, dass sie glauben lernen und Jesus lieben. Der Gruppenzwang hat im Leben eines jungen Menschen einen großen Einfluss. Freunde können die Beziehung Ihres Kindes zu Gott fördern oder zerstören. Bei der Geburt unserer Kinder haben wir damit begonnen, dafür zu beten, dass Gott ihnen Freunde - und schließlich einen Ehepartner - schenken möge, die sie auf ihrer Reise mit Gott begleiten. Ein solches Gebet kann den Lebensweg Ihres Kindes grundlegend ändern.

Wenn Sie für Ihre Kinder auf diese Weise beten, dann brauchen Sie dafür natürlich Zeit, Konzentration und Engagement. Diese Art des Betens ist eine riesige Investition, die im Leben Ihrer Kinder jedoch Erträge für die Ewigkeit bringen wird.

Beten, dass Ihre Kinder Jesus lieben

Das ist doch einleuchtend, oder? Wenn Sie sich wünschen, dass Ihre Kinder Jesus lieben, dann beten Sie dafür, dass Ihre Kinder zum Glauben an ihn finden. Beten Sie, dass Ihre Kinder einen kompromisslosen, an der Bibel orientierten Glauben kennenlernen. Beten Sie, dass sie diesen Glauben für sich selbst annehmen, nicht bloß, weil Mama und Papa gläubig sind, sondern weil sie die Gnade, Güte und Gegenwart Gottes selbst erlebt haben. Beten Sie, dass Ihre Kinder sich für diesen Glauben entscheiden, nicht bloß einmal, sondern jeden Tag neu. Und beten Sie, dass eine solche Entscheidung ein natürlicher Ausdruck ihrer Herzenshaltung ist.

Gebet in der täglichen Praxis

Die Bibel sagt uns: „Betet unablässig!" (1. Thessalonicher 5,17). Das heißt nicht, dass wir ständig auf den Knien herumrutschen, sondern in einer Haltung des Gebets leben sollen, in einem ständigen Bewusstsein der Gegenwart Gottes um und in uns. Dann hören wir auch auf seine Stimme. Wir sehen sein Eingreifen in den wichtigen Ereignissen unseres Lebens und auch in den scheinbaren Kleinigkeiten des Alltags.

Aber es geschieht immer wieder, dass wir zu beschäftigt sind und uns ablenken lassen. Deshalb ist es so wichtig, dass Sie sich regelmäßig Zeit für das Beten nehmen und diese Gebetszeiten in Ihrem Leben und im Leben Ihrer Kinder zur täglichen Praxis machen.

Sie meinen, dass Ihnen die Zeit dafür fehlt? Der bekannte Buchautor John Piper hat auf dem sozialen Netzwerk Twitter folgenden Eintrag gemacht: „Der große Nutzen von Netzwerken wie Twitter und Facebook wird sich am Jüngsten Tag erweisen. Denn dann wird sich herausstellen, dass es nicht am Zeitmangel gelegen hat, wenn wir ein Leben ohne Gebet geführt haben."[5]

Wie wahr! Wir nehmen uns Zeit für das, was in unserem Leben Priorität hat.

Beten Sie vor dem Start in den Tag. Für unsere Familie ist es wichtig, jeden Tag gemeinsam zu beten, bevor die Kinder in die Schule gehen. In den ersten Jahren dauerte dieses Gebet meistens etwa drei Minuten. Seit einiger Zeit ist daraus jedoch eine längere Gebetszeit mit unserem Sohn geworden, und das an drei Vormittagen in der Woche. Ob dieses gemeinsame Gebet nun drei oder 30 Minuten dauert – es vermittelt Ihrem Kind diese Botschaft: „Die Art, wie du den Tag verbringst, ist wichtig – für mich und für Gott."

Versuchen Sie es mal. Setzen Sie sich kurz zusammen, bevor der Tag beginnt. Erzählen Sie Ihren Kindern von Ihren Sorgen und dann hören Sie sich die Probleme Ihrer Kinder an. Tragen Sie zusammen, was in den nächsten 24 Stunden ansteht, für das Sie beten können – Tests, Exkursionen, Sitzungen oder besondere Herausforderungen. Beten Sie für die Aufgaben, die vor Ihnen und Ihren Kindern liegen. Loben Sie Gott für die Art, wie er in Ihrem und im Leben Ihrer Kinder wirkt. Je nachdem, wie alt ihre Kinder sind, könnte sich Widerstand gegen diese Gebetszeit regen. Aber wenn dieses Thema nicht zur Debatte steht, werden sie sich fügen und sich vielleicht sogar auf diese gemeinsame Zeit freuen.

Beten Sie zu bestimmten oder zu besonderen Zeiten. Vor vielen Jahren wurde ein Gebetsanliegen an mich herangetragen. Ich sollte täglich um 11:17 Uhr für einen jungen Mann beten, der sich vom Glauben abgewandt hatte. Warum um 11:17 Uhr? Weil der junge Mann um diese Uhrzeit geboren wurde. Mit unseren Gebeten vereinten wir uns mit dem Vater in der Bitte an Gott, dem jungen Mann eine neue Geburt zu schenken. Gott antwortete auf dieses Gebet mit einem lauten und deutlichen Ja. 11:17 Uhr, der Zeitpunkt, als sein Sohn zur Welt kam. Weil der Vater dieses Jungen in seinen eigenen Gebeten so kreativ war, dachte jeder aus der Gruppe um diese Uhrzeit daran, innezuhalten und zu beten, und da war es gleichgültig, was wir gerade machten.

Beten Sie vor dem Einschlafen. Wenn das Licht aus ist und Ihre Kinder sich geborgen fühlen, sprechen sie eventuell Gebetsanliegen aus, die sie Ihnen (oder Gott) bei Tageslicht nicht so gerne sagen.

Ich erinnere mich noch, wie mein Vater oder meine Mutter fast jeden Abend vor dem Einschlafen mit mir gebetet haben, als ich noch klein war. Einen Satz habe ich bis heute nicht vergessen – die Worte und auch die gespannte Erwartung, die in ihnen lag. „Herr, ich kann es kaum erwarten, bis du Dave zu deinem Werkzeug machst – zu deiner Ehre." Das war wie ein Samenkorn, das in mich hineingelegt wurde. Ich konnte anstelle eines kleinen einen großen Glauben haben, und ich musste mich nicht fragen, *ob* Gott mich zu seinem Werkzeug machen, sondern *wie* er das machen würde.

Dies waren die wichtigsten Worte in meinem Leben.

Gefährliche Kämpfer Gottes

Der achtjährige Aaron hatte zum ersten Mal an einer Kinderfreizeit teilgenommen. Sein Vater, der bekannte Buchautor und Redner Erwin McManus, glaubte, die Teilnahme an einer solchen Veranstaltung wäre eine gute Erfahrung, aber als der Junge nach Hause kam, war dieser verstört und ängstlich. Er konnte erst einschlafen, wenn in seinem Zimmer das Licht brannte. Es stellte sich heraus, dass die Betreuer auf der Freizeit den Kindern Geschichten über Dämonen erzählt hatten. „Bete für mich, Papa", bat Aaron, als er im Bett lag. „Bete, dass Gott es für mich ungefährlich macht."

McManus beugte sich zu dem Jungen herab und erwiderte: „Das kann ich nicht, mein Sohn. Ich kann Gott nicht bitten, dass er es für dich ungefährlich macht."

Aarons Augen füllten sich mit Tränen. „Aber, Papa, ich habe solche Angst. Bitte bete, dass Gott es für mich ungefährlich macht."

„Ich bete nicht, dass Gott es für dich ungefährlich macht", wiederholte McManus. „Aber ich bete, dass Gott dich gefährlich macht – so gefährlich, dass alle Dämonen flüchten müssen, wenn *du* einen Raum betrittst!"

„In Ordnung, Papa", sagte Aaron. „Dann bete, dass Gott mich so richtig gefährlich macht."

Sie möchten, dass Ihre Kinder glauben lernen? Dann ist das Gebet von entscheidender Bedeutung für Sie und Ihre Kinder. Wenn Sie an die Macht des Gebets glauben, dann wird Sie nichts davon abhalten können. Dann bringen Sie die Zeit dafür auf. Dann investieren Sie alles dafür. Dann bringen Sie Gott Ihre Ängste, Ihre Hoffnungen und Träume, und dann vertrauen Sie ihm Ihre Kinder an.

Legen Sie alles hinein in das Gebet für Ihre Kinder und in das gemeinsame Gebet mit ihnen. Dann werden Sie das mächtige Wirken Gottes im Leben Ihrer Kinder aus erster Hand erleben. Und Ihre Kinder werden eine wertvolle Lektion lernen, nämlich dass sie ohne den Herrn nichts tun können. Sie und Ihre Familie werden gefährliche Kämpfer Gottes.

Und Sie werden entdecken, dass das wichtigste Wort dieses ist: Beten.

4

Das wichtigste Buch

Ein kleiner Hinweis zu Beginn: In diesem Kapitel ist nicht von dem Buch die Rede, das Sie gerade in der Hand halten.

Im finstern Tal

Die Straße war rutschig vom Regen und der Himmel war düster. Es geschah in Bruchteilen von Sekunden. Als das entgegenkommende Auto um die Kurve bog, kam es ins Schleudern. Die Hinterräder fanden auf dem nassen Asphalt keinen Halt und das Fahrzeug rutschte auf die Gegenfahrbahn. Beim frontalen Aufprall war zunächst ein dumpfes Krachen zu hören, das helle Klirren von splitterndem Glas und das ohrenbetäubende Knirschen von zerdrücktem Metall. In der Stille, die folgte, war bloß noch eine zittrige Stimme zu vernehmen: „Der Herr ist mein Hirte, mir wird nichts mangeln ..."

Die Stimme gehörte meinem Vater, der mit dem Gesicht auf das Lenkrad geprallt war. Er hatte 21 Glassplitter in den Augen. Auf dem Rücksitz drohte meine Mutter zu verbluten. Sie hatte eine lebensgefährliche Schädelfraktur.

In der Ferne hörten wir das Heulen von Sirenen, das durch die Regenwand näher kam. Aber der Heulton der Krankenwagen wurde übertönt von diesen Worten: „Und ob ich schon wanderte im finstern Tal, fürchte ich kein Unglück; denn du bist bei mir ..."

Dieser Moment gehört zu den einprägsamsten Erinnerungen aus meiner Kindheit.

Das war kein Stoßgebet in einer Notsituation, kein panischer Hilferuf in einer Krise, sondern eine automatische Reaktion meines Vaters. Für ihn war es ganz natürlich und normal, aus der Bibel zu zitieren, im Tal genauso wie auf dem Berggipfel. Mein Vater wusste, dass die Bibel uns Worte bietet, die helfen und heilen, Worte, die Freude vertiefen und Leid mildern. Aus der Bibel schöpfte er Kraft und Orientierung für seine Verbindung zu Gott. Sogar als er unter Schock stand und unter Schmerzen litt, sogar als er befürchtete, dass seine Frau im Sterben lag, klammerte er sich instinktiv an die Worte der Bibel und geriet nicht in Panik, wie es bei anderen der Fall gewesen wäre.

Mein Vater stützte sich auf das Wort Gottes.

Und was ist Ihre automatische Reaktion? Worauf stützen Sie sich? Mit welcher Strategie verfolgen Sie das Ziel, dass Ihre Kinder zu Hause glauben lernen?

Verlassen Sie sich auf Ihr Glück? Auf ein Selbsthilfebuch? Oder auf etwas, das viel wichtiger ist?

Sie möchten, dass Ihre Kinder Gott lieben? Sie möchten, dass sie ihren Weg mit Jesus gehen? Sie möchten, dass sie für immer im Haus des Herrn bleiben?

Wenn ja, dann können Sie Folgendes tun: Während Ihre Kinder noch bei Ihnen zu Hause leben, machen Sie dieses Zuhause zu einem Haus des Herrn. Machen Sie es zu einem Ort, an dem die zeitlosen Lehren der Bibel lebendig und die Prinzipien des Wortes Gottes von Ihnen gelebt werden. Lassen Sie den Verfasser der Bibel in Ihnen sichtbar werden.

Henry Blackaby, der Autor des Glaubenskurses *Gott erfahren,* sagt: „Sie wollen nicht nur, dass Ihre Kinder die biblische Geschichte von Daniel kennen, sondern Sie wollen einen Daniel großziehen. Sie wollen, dass Ihr Sohn über das Leben von Samuel Bescheid weiß, aber wichtiger noch: Sie wollen, dass er zu einem Samuel wird, zu einem Menschen, der immer auf den Ruf seines himmlischen Vaters hört. Sie wollen nicht nur, dass Ihre Tochter die Geschichte von Ester kennt, sondern dass sie auch zu einer Ester wird.“[7]

Er hat recht.

Es ist nicht wichtig, wie viel Sie über die Bibel wissen oder wie viele Verse Sie auswendig gelernt haben. Wichtig ist jedoch, welche Beziehung Sie zu demjenigen haben, von dem diese Worte stammen.

Sie verbringen Zeit im Internet. Sie verbringen Zeit, um Ihre Golfkenntnisse zu vertiefen oder etwas über Online-Investitionen zu erfahren. Sie verbringen Zeit beim Fitnesstraining oder im Einkaufszentrum oder im

Fußballstadion. Warum investieren Sie dann nicht etwas Zeit in Gottes Wort und geben dann diese Investition an Ihre Familie weiter?

Aus der Bibel lernen

Wenn Ihre Kinder im Vorschulalter sind, machen Sie es sich zur Gewohnheit, ihnen vor dem Schlafengehen biblische Geschichten zu erzählen. Diese Zeit bietet sich an, um aus der Bibel zu lernen. In dieser vertrauten Umgebung nehmen Ihre Kinder das Gehörte auf, und Sie haben ebenfalls einen Gewinn, wenn Sie die bereits bekannten Geschichten neu verinnerlichen.

Falls Sie selbst keine allzu guten Bibelkenntnisse haben, nutzen Sie die Gelegenheit, zusammen mit Ihren Kindern aus der Bibel zu lernen. Ihre Kinder können beim Einschlafen über die Größe Gottes nachdenken, und wenn sie älter werden, können Sie gemeinsam die biblischen Wahrheiten studieren.

Die Versuchung ist groß, die Vermittlung biblischer Lehren den Mitarbeitern im Kindergottesdienst und den Jugendpastoren zu überlassen. Vielleicht denken Sie: *Diese Leute wissen viel mehr über die Bibel als ich.*

Aber schlagen Sie mal Ihre Bibel auf und sehen Sie auf dem Deckblatt nach. Steht da irgendwo: *Nur für Experten!* oder: *Nicht für den Hausgebrauch geeignet!?* In meiner Bibel steht so etwas nicht. Offenbar will Gott, dass wir sie lesen, hauptsächlich zu Hause. Wir sind sogar verpflichtet, aus der Bibel zu lernen und unsere Kinder daraus zu lehren. Die Bibel macht uns das sogar sehr deutlich.

Und du sollst Jahwe, deinen Gott, mit ganzem Herzen lieben, von ganzer Seele und ganzer Kraft. Und die Worte, die ich dir heute verkünde, sollen in deinem Herzen sein. Präge sie deinen Kindern ein und rede davon, ob du in deinem Haus bist oder unterwegs, ob du dich hinlegst oder aufstehst. Du sollst sie als Zeichen auf deine Hand binden und als Merkzeichen auf deiner Stirn tragen

5. Mose 6,5-8; NeÜ

Eine christliche Gemeinde bietet Ihrem Kind ein begrenztes Zeitfenster von vielleicht 50 Stunden im Jahr. Aber Mütter und Väter verbringen mit ihren Kindern zu Hause jedes Jahr zwei- bis dreitausend Stunden flexible Zeit. Das klingt nach einer ganzen Menge, aber wir sollten keine Zeit verschwenden, sondern jetzt anfangen. Der oben zitierte Text aus dem fünften Buch Mose sagt uns, dass wir unseren Kindern das Wort Gottes einprägen sollen, und zwar ständig, in unserem Alltag, an jedem Ort.

Aber wie machen Sie das? Halten Sie Ausschau nach Gelegenheiten, bei denen Sie Ihren Kindern biblische Werte vermitteln können. Wenn Ihre Kinder in einer „angesagten" Clique sind, lehren Sie sie, wie Jesus jeden Menschen willkommen geheißen hat. Wenn sie sich als Außenseiter fühlen, dann erinnern Sie sie daran, wie der Herr sich Zeit für leidende Menschen genommen hat. Müssen Ihre Kinder mitten im Schuljahr die Schule wechseln und wieder bei null

anfangen? Dann helfen Sie ihnen, sich in die Geschichte vom Auszug aus Ägypten hineinzuversetzen. Lassen Sie Ihre Kinder miterleben, wie sich die Wasser geteilt haben und wie sie sich auf dem Weg in ein neues Land der Verheißung machen.

Wenn Ihre Kinder meinen, dass sie mit dem Rücken zur Wand stehen, zeigen Sie ihnen, wie Josua gebetet hat, bis die Mauern einstürzten. Vermitteln Sie Ihren Kindern genau die biblischen Wahrheiten, die ihnen helfen, Stürme zu überstehen, auf dem Wasser zu laufen und sich tief im Wort Gottes zu verwurzeln. Wenn Sie es Ihnen leichtmachen, eine Verbindung zu finden zwischen ihren eigenen Lebensgeschichten und den Geschichten der Bibel, können sie erkennen, dass die Bibel zwar vor Tausenden von Jahren niedergeschrieben wurde, aber in den Herausforderungen ihres Alltags noch immer aktuell ist.

Lindsay ist eine junge Mutter eines vierjährigen Mädchens. Wenn sie ihr Töchterchen Reagan wegen ihres Verhaltens maßregeln muss, sagt sie manchmal: „Jesus lehrt in der Bibel, dass wir freundlich sein sollen. Was du eben gemacht hast, war nicht freundlich. Wir wollen doch versuchen, Jesus ähnlicher zu werden. Deshalb machen wir so etwas nicht."

Das ist eine ganz praktische, unkomplizierte Art, biblische Wahrheiten auf unseren Alltag anzuwenden. „Präge sie (die Worte) deinen Kindern ein und rede davon, ob du in deinem Haus bist oder unterwegs, ob du dich hinlegst oder aufstehst.“ (5. Mose 6,7). Lindsay legt das Wort Gottes ganz bewusst ins Herz ihrer Tochter hinein.

Das Wort Gottes zur Schau stellen

Sind Sie schon einmal in einem Zuhause gewesen, in dem sich das Wort Gottes an einer strategischen Stelle befindet wie ein fester Bestandteil der Einrichtung? Sofort bekommt der Raum eine andere Atmosphäre. Man weiß, welche Werte von den Menschen, die hier wohnen, vertreten werden.

Jüdische Familien befestigen häufig eine Mesusa am Eingang ihrer Häuser oder Wohnungen. Eine Mesusa ist ein kleiner Behälter aus Metall oder Holz. Darin befindet sich ein Pergament mit den bereits zitierten Versen aus dem fünften Buch Mose. Mit dieser Mesusa gehorchen Juden wortwörtlich dem Gebot „... und du sollst sie (diese Worte) auf die Pfosten deines Hauses und an deine Tore schreiben (5. Mose 6,9).

Als ich in der Mittelstufe war, hängte meine Mutter eine Tafel mit einem Bibelvers über das Waschbecken im Bad. Wenn mein Bruder und ich uns die Zähne putzten oder die Hände wuschen, sahen wir jedes Mal diese Worte: „Eine sanfte Antwort wendet Grimm ab, aber ein kränkendes Wort erregt Zorn“ (Sprüche 15,1). Auf diese subtile (oder nicht ganz so subtile) Art versuchte meine Mutter, die Wortgefechte, die regelmäßig zwischen Jeff und mir stattfanden, ein wenig einzudämmen.

Wenn Sie die Bibel in Ihrem Haus oder Ihrer Wohnung zur Schau stellen, dann bringen Sie nicht nur Ihre Kinder mit dem Wort Gottes in Berührung, sondern Sie prägen damit auch die Stimmungslage in Ihrem Zuhause und vermitteln anderen die Botschaft, dass bei Ihnen etwas anders ist als in anderen Familien. Ihr Zuhause ist eine Oase der biblischen Wahrheit, ein Umfeld, in dem die Grundlagen für den Glauben gelegt werden.

Für alle, die bei Ihnen ein- und ausgehen, heißt das: „Das ist ein Haus des Herrn."

Bibelworte auswendig lernen

Ja, ich weiß, was jetzt kommt. Manche von Ihnen denken: *Du liebe Zeit! Bibeltexte auswendig lernen! Ich kann mir gerade einmal die Namen meiner Kinder richtig merken!*

Bitte glauben Sie mir. Es ist wirklich wichtig.

In Psalm 119 hat König David diese Worte niedergeschrieben: „In meinem Herzen habe ich dein Wort verwahrt, damit ich nicht gegen dich sündige" (Vers 11). Wenn Sie Bibelverse auswendig lernen, haben Sie einen großen Nutzen davon. Diese Bibelworte bleiben Ihnen im Gedächtnis haften. Sie helfen Ihnen, der Versuchung zu widerstehen, so wie Jesus es bei seiner eigenen Versuchung in der Wüste erlebt hat (vgl. Matthäus 4,1-11). Wenn Sie Bibelverse auswendig lernen, „rutschen" biblische Wahrheiten leichter von Ihrem Kopf in Ihr Herz.

Und wenn Sie meinen, Ihre Kinder könnten Bibelverse nicht auswendig lernen, erklären und im Gedächtnis behalten, dann probieren Sie es doch einfach mal. Als mein Sohn Sam fünf Jahre alt war, lernte er zwölf aufeinanderfolgende Verse aus Matthäus 5 auswendig und konnte sie auch aus dem Gedächtnis zitieren. Jeden Abend, wenn er sich ins Bett legte, hörte er eine Kassette mit den Stimmen von Familienmitgliedern, die diesen Abschnitt vorlasen. Beim wiederholten Zuhören gingen ihm die Verse in Fleisch und Blut über. Und er wusste auch, was diese Worte bedeuten. Er verstand sie – manchmal sogar besser als ich selbst.

Hängen Sie einen kurzen Bibelvers im Kinderzimmer auf. Kleben Sie den Vers auf die Kühlschranktür oder den Badezimmerspiegel, dorthin, wo Sie und Ihre Kinder ihn sehen können, jeden Tag, mehrmals täglich. Und lassen Sie den Vers dort, bis jeder aus Ihrer Familie ihn auswendig kann.

In den 1940er-Jahren war J. Russell Morse als Missionar in Kunming, einer Stadt in der chinesischen Provinz Yunnan. Die Kommunisten verhafteten ihn, weil er das Evangelium verkündigte. Er war zweieinhalb Jahre lang im Gefängnis und 15 Monate verbrachte er in Einzelhaft. Und er durfte nicht seine Bibel mitnehmen.

Nach seiner Freilassung wurde er gefragt: „Wie geht man mit einer solchen Situation um? Was kann man tun, um nicht den Verstand zu verlieren?"

„Das Einzige, woran ich mich klammern konnte", antwortete Morse, „waren die Bibelverse, die ich auswendig gelernt hatte." In Gedanken war er die Bibel durchgegangen und hatte Verse aus dem Gedächtnis zitiert. Von allen Bibelabschnitten, die er sich als Kind eingeprägt hatte, gaben ihm die von einem anderen Gefangenen niedergeschriebenen Verse den meisten Halt. Es waren Worte des Apostels Paulus.

> *Seid um nichts besorgt, sondern in allem sollen durch Gebet und Flehen mit Danksagung eure Anliegen vor Gott kundwerden; und der Friede Gottes, der allen Verstand übersteigt, wird eure Herzen und eure Gedanken bewahren in Christus Jesus* Philipper 4,6-7[8]

Vielleicht haben Sie so Ihre Zweifel, ob Sie, Ihre Kinder oder Enkelkinder jemals wegen Ihres Glaubens ins Gefängnis kommen werden, aber wir können doch nicht wissen, was in 20, 40 oder 60 Jahren in der Welt geschehen wird. J. Russell Morse hatte bestimmt auch nicht die Einkerkerung in einem kommunistischen Gefängnis auf seiner Liste von Dingen, die er bis zu seinem Lebensende gemacht haben wollte. Aber plötzlich war er dort, und Gott war bei ihm in der Gefängniszelle.

Wir können nicht wissen, was die Zukunft für uns bereithält oder welchem Druck unsere Kinder ausgesetzt sein werden, wenn sie als entschiedene Christen leben. Aber trotz aller Überraschungen, die das Leben für unsere Kinder zu bieten hat, können wir eins wissen: Wenn wir das Wort Gottes in ihr Gedächtnis einprägen, dann machen wir ihnen ein Geschenk fürs Leben und darüber hinaus.

Bei einer informellen Umfrage, die ich mit etwa 100 jungen Eltern durchgeführt habe, stellte ich auch die Frage: „Denken Sie kurz an Ihre Kindheit. Was hätten Ihre Eltern anders machen sollen, um Ihnen eine gute Grundlage für den Glauben mitzugeben?"

Es überraschte mich, was ich am häufigsten zur Antwort bekam: „Ich wünschte, ich hätte meine Eltern mehr in der Bibel lesen sehen."

Normalerweise mache ich meine Stille Zeit nicht zu Hause, sondern ich gehe ins Büro und lese dort in Gottes Wort, um den Tag zu beginnen. Das Ergebnis meiner kleinen Umfrage gab mir jedoch zu denken. Ich erkannte, dass ich meiner Familie bewusst zeigen sollte, wie sehr ich die Bibel liebe. Meine Kinder sollten nicht bloß wissen, wie oft ich mich mit dem Wort Gottes beschäftige, sondern sie sollten auch sehen, wie ich darin lese.

Fangen Sie rechtzeitig damit an – Ihren Kindern zuliebe. Manche Eltern verschieben diese Priorität auf später mit der Begründung, dass sie noch genügend Zeit haben werden, das Bibellesen, das Bibelstudium und das Auswendiglernen von Bibeltexten zu forcieren.

Aber es gibt gute Gründe, warum Marketing-Firmen vier- bis zwölfjährige Kinder zu ihrer Hauptzielgruppe machen.

Die Journalistin Christine Lagorio vom Sender CBS News erwähnte in einem Bericht: „Im Jahr 1983 gaben Firmen 100 Millionen Dollar für auf Kinder ausgerichtete Marketingmaßnahmen aus. Heute investieren sie dafür etwa 17 Milliarden Dollar pro Jahr. Das ist mehr als das

Doppelte als noch 1992." Offenbar sind diese Marketing-Maßnahmen erfolgreich. „Acht- bis zwölfjährige Kinder geben jedes Jahr 30 Milliarden Dollar von ihrem eigenen Geld aus, und sie beeinflussen auch das Kaufverhalten ihrer Eltern, mit weiteren 150 Milliarden Dollar."[9]

Wenn Marketing-Firmen einen solchen Einfluss auf das Kaufverhalten unserer Kinder haben, dann stellen Sie sich einmal vor, welche Wirkung der ständige Kontakt mit der Bibel auf ihr Leben haben könnte. Bereits zu Beginn der Pubertät entwickeln Kinder Gewohnheiten, die sie durch ihr ganzes Leben begleiten. Fangen Sie deshalb frühzeitig damit an, Ihre Kinder an den Umgang mit dem Wort Gottes zu gewöhnen. Der Herr verheißt Ihnen einen reichen Ertrag für diese Investition (vgl. 1. Petrus 1,24-25).

Leben Sie nach der Bibel

Wollen Sie, dass Ihre Kinder von Ihnen den Glauben lernen? Dann leben Sie danach. Tun Sie es. Seien Sie gehorsam. Denn die Bibel fordert es von uns: „Seid aber Täter des Wortes und nicht allein Hörer, die sich selbst betrügen!" (Jakobus 1,22).

Wenn Sie nach der Bibel leben, vermitteln Sie Ihren Kindern, wie wichtig das Wort Gottes auch für ihr Leben ist. Erinnern Sie sich noch an den Abschnitt aus 5. Mose 6, den wir bereits gelesen haben? Sehen Sie sich noch einmal Vers 6 an: „Und diese Worte, die ich dir heute gebiete, sollen in *deinem* Herzen sein" (Hervorhebung vom Autor).

Anders ausgedrückt heißt das: Wenn Sie den Glauben in das Herz Ihrer Kinder hineinlegen wollen, dann sollten

Sie bei sich selbst beginnen. Dann sollten Sie in Ihrem Herzen glauben, dass der Herr Ihr Gott ist, und ihn lieben mit Ihrem ganzen Herzen und mit Ihrer ganzen Seele und mit Ihrer ganzen Kraft.

Früher oder später ist es dann so weit. Sie begleiten Ihren Sohn oder Ihre Tochter zur Immatrikulation an einer Universität oder in seine oder ihre erste Wohnung. Sie helfen Ihrem Kind beim Ausladen von Kisten mit Kleidungsstücken, einem Computer, Postern und Zeitschriften, Büchern und einer Bibel. Nach einer letzten Umarmung gehen Sie zurück zu Ihrem Auto, während Ihnen die Tränen über die Wangen laufen. Es ist ein unwirklicher Moment, denn Ihnen kommt es vor, als würde die Nabelschnur ein zweites Mal durchtrennt. Sobald Sie Ihr Auto starten, spürt Ihr Kind einen noch nie zuvor gekannten Rausch der Freiheit.

Auf der Heimfahrt gehen Ihnen dann folgende Gedanken durch den Kopf:

Hoffentlich schafft sie es.

Ich bitte dich, Herr, lass sie niemals daran zweifeln, dass die Bibel wichtiger ist als alle Fachbücher, die sie in den nächsten Jahren lesen wird.

Bitte lass sie so nach Hause kommen, wie sie gegangen ist, als gläubige Christin, die ihr Leben nach dir und deinem Wort ausrichtet.

Sie haben dafür gesorgt, dass Ihre Kinder zu Hause glauben lernen und leben. Jetzt ist die Zeit gekommen, Ihre Kinder in die Hände Gottes zu legen.

Alle Worte Gottes sind wahr

Der kleine Jacob war zwei Jahre alt. Seine Eltern hatten einen Bibelvers an die Kühlschranktür geklebt, und jetzt halfen sie ihm unermüdlich dabei, diesen Vers auswendig zu lernen. Der Text war kurz und prägnant. „Jedes Wort, das du sagst, ist wahr“ (Psalm 119,160; Hfa). Jedes Mal, wenn Jacob sich auf die Zehenspitzen stellte, um die Kühlschranktür aufzumachen, deutete er dorthin, wo der Bibelvers hing. Dann sagte er zu Gott: „Jedes Wort, das du sagst, ist wahr!“ Sobald er das Wort „wahr“ aussprach, schlug er mit der flachen Hand gegen die Kühlschranktür, um es besonders hervorzuheben.

Und dann, eines Tages, in einem Augenblick, hatte Jacob es geschafft, die Terrassentür zu öffnen. Er spazierte hinaus auf die Terrasse, zum Swimmingpool der Familie ...

Zwei Jahre alt.

Ein Herzschlag später und er war tot.

Ich leitete den Trauergottesdienst – die bisher schwerste Aufgabe in meiner Laufbahn. Meine Predigt endete mit dieser Feststellung:

Ich finde es interessant, dass ein zweijähriger Junge einen Bibelvers auswendig gelernt hat. Es ist auch erstaunlich, dass der einzige Vers, den er zitieren konnte, jene Worte enthielt, von denen Gott wusste, wie sehr wir sie an diesem schweren Tag brauchen würden. Denn wenn uns Schicksalsschläge treffen, sind wir versucht, Gott infrage zu stellen und die Bibel anzuzweifeln. Wir denken: Wie können wir weiterleben? Woher nehmen wir die Kraft? Interessiert sich Gott wirklich für uns? *Und dann erinnern wir uns: Jedes Wort, das du sagst, ist wahr.*

Als ich im Trauergottesdienst für den kleinen Jacob die Predigt hielt, dachte ich an jenen lange zurückliegenden Autounfall, in den meine Familie damals verwickelt war. Ich erinnerte mich, wie wir wie betäubt in den Trümmern aus Metall und Glas saßen und auf den Krankenwagen warteten. Wir wussten nicht, ob unsere Mutter den nächsten Tag noch erleben würde. Mitten in diesem schrecklichen Albtraum hörte ich, wie mein Vater aus der Bibel zitierte. Er wandte sich an den Herrn und erinnerte sich an die Verse, die in sein Herz eingraviert waren. Und dieser einfache Psalm hatte eine größere Wirkung auf mich als das Auto, das mit unserem frontal zusammengestoßen war.

Gott war uns gnädig und wir alle überlebten diesen Unfall. Die Stimme meines Vaters schenkte mir Frieden, und seine Leidenschaft für das Wort Gottes war wie ein Same, der in mein Herz gelegt worden war.

Warten Sie nicht, bis Sie zu spät erkennen, was auf dem Spiel steht. Erziehen Sie Ihre Kinder mit dem Endziel vor Augen. Sie und Ihre Familie werden Veränderungen und Prüfungen erleben, Unglück und Herausforderungen. Manche von diesen Geschehnissen werden banal sein, manche von ihnen werden Sie aus der Bahn werfen. Vielleicht wird es kein katastrophaler Autounfall mit Totalschaden sein oder ein Unfall mit Todesfolge in Ihrem Swimmingpool, aber es wird etwas sein. Und wenn dieses Etwas geschieht, wenn in Ihrem Leben die Sirenen heulen, was bekommen Ihre Kinder dann von Ihnen zu hören?

5

Der Schlüssel

Der Schlüssel. Dieses Wort steht für Spannung und freudige Erwartung. In unseren Köpfen entstehen plötzlich Bilder von geheimen Orten und unvorstellbaren Reichtümern, von üppig blühenden Gärten, Truhen voller Schätze und alten Häusern mit Geheimgängen.

Wenn wir uns wünschen, dass unsere Kinder glauben lernen, dann sind wir alle auf der Suche nach einem Schlüssel, nach einem Schalter, den wir drücken können und der uns die Arbeit erleichtert.

Aber manchmal erscheint uns diese Aufgabe schlicht und einfach unmöglich. Vielleicht kommen Ihnen die Worte von Ross Brodführer irgendwie bekannt vor.

Wir alle haben ihn schon einmal gesehen. Diesen fünfjährigen Jungen, der verlangt, dass sein Vater ihm einen Schokoriegel kauft und dessen Nein nicht gelten lässt. Er quengelt so lange, bis er seinen Vater und die Hälfte der Kunden mürbe gemacht hat. Schließlich verlässt er den Supermarkt mit vollem Mund und klebrigen Händen. Wer von Ihnen hat nicht schon einmal hinter einen Schulbus angehalten und zur Belohnung ein obszönes Handzeichen von einem Engelchen in der hintersten Sitzreihe bekommen? Wie stellen wir es an, dass unsere Kinder ihre Bibeln mit guten Gedanken voll schreiben, anstatt öffentliche Toiletten mit Schimpfwörtern zu verzieren? Ist das überhaupt möglich?[10]

Ist es das? Ist es wirklich möglich, Kinder großzuziehen, die anderen Menschen Respekt und Gehorsam entgegenbringen? Ja, es ist möglich. Aber der Weg zu diesem Ziel ist nicht kurz und ganz bestimmt nicht einfach.

Und Sie hatten sich schon gefreut, dass Sie sich in diesem Kapitel entspannt zurücklehnen könnten ...!

Die Herausforderung

Ein Vater saß gemeinsam mit seiner 14-jährigen Tochter vor dem Fernseher, als eine Sendung über Tod, Sterben und unerklärliche Geschehnisse gezeigt wurde. Der Mann sagte: „Mein Schatz, denk dran, solange du noch jung bist. Du musst jeden Tag so leben, als ob es dein letzter wäre."

„Ich hab das schon mal probiert," erwiderte die Tochter. „Und dann hast du mir dafür einen Monat Hausarrest verpasst."

Die Bibel spricht eine deutliche Sprache, wenn es um das Thema „Erziehung zum Gehorsam" geht, und leider (oder glücklicherweise) lässt sie uns in dieser Frage nur wenig Spielraum. „Ihr Kinder, gehorcht euren Eltern im Herrn; denn das ist recht" (Epheser 6,1).

Diese Worte sind ziemlich deutlich. Aber die Sache hat einen Haken. Es ist zwar richtig, wenn Sie Ihre Kinder zu

Disziplin und Gehorsam erziehen, aber richtig ist nicht immer gleichzusetzen mit leicht. Kindern Disziplin und Gehorsam beizubringen gehört zu den anspruchsvollsten Aufgaben in der Kindererziehung. Problematisch ist auch, dass wir dazu neigen, Disziplin als etwas Negatives anzusehen und nicht als etwas Konstruktives. Außerdem fühlen sich die meisten von uns schlecht gerüstet für eine so wichtige Aufgabe. Wir fühlen uns untauglich als Eltern, zumindest solange wir wach sind.

Untauglich, ja. Auch unvorbereitet, demotiviert und manchmal sogar desinteressiert. Wir neigen dazu, unsere Kinder so zu erziehen, wie wir es bei unseren eigenen Eltern oder Erziehungsberechtigten gesehen haben. Und für manche Eltern bedeutet das, dass sie ihre Kinder überhaupt nicht erziehen.

Einigkeit demonstrieren

Kein Familienexperte kann zehn Minuten lang reden, ohne das Wort „Einigkeit" zu verwenden. Und das ist gut so, denn es handelt sich um ein grundlegendes Konzept, vor allem, wenn es um Disziplin und Gehorsam geht. Ihr fünfjähriger Sohn kann Schwächen aufspüren wie ein Hai Blut. Wenn Papa nur einmal klein beigibt, spürt der Kleine in Sekundenschnelle, wo das elterliche Bündnis eine

Schwachstelle hat. Der Junior hält sich sofort an diesen „schwächeren" Elternteil und bleibt auf Tuchfühlung, bis der stärkere Elternteil ebenfalls nachgibt.

Jetzt kann ich förmlich hören, wie junge Eltern vorwurfsvoll sagen: „Dieser Dave Stone ist wirklich gemein. Mein kleiner Schatz Sophie würde so etwas niemals tun."

Warten Sie ab. Und in der Zwischenzeit fragen Sie die Veteranen, die Ihnen Dutzende Beispiele nennen können – allein aus der letzten Woche.

Die Erziehungsmethode Gottes

Einigkeit auf allen Ebenen ist von entscheidender Bedeutung. Aber wenn diese Einigkeit verkörpert wird von einem Paar, das auch in der Kindererziehung gottgemäße Werte vertreten will, dann ... ja dann ist diese Einigkeit noch enger und noch stärker.

Zunächst wollen wir uns daran erinnern, wie Gott seine Kinder erzieht, denn darin erkennen wir ein Vorbild für die Erziehung unserer eigenen Kinder. Wir sollten uns noch einmal bewusst machen, dass das Handeln Gottes von Liebe geprägt ist. „Mein Sohn ... lehne dich nicht dagegen auf, wenn der Herr dich mit strenger Hand erzieht! Lass dich nicht entmutigen, wenn er dich zurechtweist! Denn wen der Herr liebt, den erzieht er mit der nötigen Strenge; jeden, den er als seinen Sohn annimmt, lässt er auch seine strafende Hand spüren" (Hebräer 12,5-6; NGÜ).

Gott will das Beste für seine Kinder. Er will, dass wir alle unsere Möglichkeiten ausschöpfen. Er erzieht uns, weil er uns liebt und weil er will, dass wir ihm immer ähnlicher werden. Und wir erziehen unsere Kinder zum Gehorsam, weil wir sie ebenfalls lieben. So einfach ist das.

Der Schlüssel zum Erfolg

Also gut. Sie warten immer noch auf den Schlüssel, diesen magischen, goldenen Schlüssel, der Ihnen jede Tür öffnet und Ihnen Schätze des Glaubens zu Füßen legt. Dieser Schlüssel soll Ihnen die Fähigkeit verleihen, Ihre Kinder in der Erkenntnis Gottes und der Liebe zum Herrn zu erziehen. Dieser Schlüssel ist ein Prinzip, das motiviert anstatt irritiert.

Nun denn, hier ist er, der Schlüssel.

Er heißt KONSEQUENZ.

Das ist alles?

Ja, das ist alles.

Den meisten Eltern fehlt es beim Umgang mit ihren Kindern an Konsequenz. Mit Konsequenz lassen sich Streitereien in Diskussionen umwandeln und Klagen in Nachgiebigkeit.

Wenn Sie schon einmal der Verlockung erlegen sind, eine Strafe zu lockern ...

Wenn Sie den Tag damit verbringen, Anweisungen zu wiederholen und Drohungen auszustoßen ...

Wenn Sie manchmal das Gefühl haben, dass Ihre Kinder Ihnen das Heft aus der Hand nehmen ...

… dann lesen Sie weiter. Lernen Sie mit mir gemeinsam, wie konsequent Gott bei der Erziehung seiner Kinder ist. Und glauben Sie mir: Es macht ihm nichts aus, wenn Sie ihm ein paar von seinen Ideen stehlen.

Gott ist konsequent

Zum Wesen Gottes gehört Konsequenz. Das von ihm geschaffene Universum ist ein Ausdruck dieser Konsequenz. Weil man sich auf Gott verlassen kann, geht die Sonne auf und unter. Gott Vater, Sohn und Heiliger Geist sind vollkommen eins und konsequent in ihrer Art, uns zu zeigen, wer Gott ist.

„Nein, ich, der HERR, ich habe mich nicht geändert" (Maleachi 3,6).

„Jesus Christus ist derselbe gestern und heute und in Ewigkeit" (Hebräer 13,8).

Die Art, wie Sie Ihr Kind zu Disziplin und Gehorsam erziehen, prägt die Sicht, die Ihr Kind von Gott hat. Sie haben damit eine andere Möglichkeit, Ihren Kindern eine gesunde Beziehung zu Gott vorzuleben und ihnen auf ihrem Weg mit Gott Mut zu machen.

Denken Sie einmal kurz über den Begriff „Disziplin" und das englische Wort für Jünger, *disciple,* nach. Beide Wörter haben dieselbe Wurzel, und auch das Endziel ist das gleiche, nämlich an der Seite eines anderen Menschen zu gehen, um ihn auszubilden und zu formen. Gott hat Jesus zu uns geschickt, damit er uns den Weg zeigt und wir seinen Spuren folgen können. Und das ist genau das, was wir als Eltern mit unseren Kindern tun sollen.

Konsequente Erwartungen

Kinder sind von Natur aus neugierig und wissbegierig. Schon sehr früh sprengt ein Kind Grenzen und testet, wie weit es gehen kann. Es handelt sich dabei um eine angeborene Veranlagung. Ein Kind will ausprobieren, herausfinden, wo die Grenzen gezogen werden und welche Freiheiten es hat.

Der Psychologe James Dobson erklärt dieses Verhalten so:

> *Dieses Ausprobieren hat große Ähnlichkeit mit einem Polizisten, der nach Einbruch der Dunkelheit in Geschäftsräumen Türklinken herunterdrückt. Obwohl er versucht, die Türen zu öffnen, hofft er, dass sie verschlossen sind und alles sicher ist. Ähnlich ist es mit einem Kind, das die liebevolle Autorität seiner Eltern angreift. Es ist erst dann beruhigt, wenn es feststellt, dass die elterliche Führungsrolle nicht infrage gestellt werden kann.*[11]

Tun Sie Ihre Erwartungen klar und deutlich kund. Kinder sind so veranlagt, dass sie Grenzen wollen und brauchen. Disziplin und eine klare Struktur vermitteln ihnen Ihr Mitgefühl und Ihre Fürsorge, unabhängig vom Alter Ihrer Kinder. Und Eltern, die diese Phase der Strenge überspringen, weil sie unbedingt eine freundschaftliche Beziehung zu ihren Kindern haben wollen, bauen die Zukunft ihrer Familie auf einem zerbrechlichen Fundament auf.

In Sprüche 29,17 heißt es: „Erziehe deinen Sohn streng, dann wird er dir Ruhe bringen und dir beglückende Freude bereiten" (NeÜ).

Übernehmen Sie heute noch die Führung.

Die Stimme der Konsequenz

Es ist leichter, vor Ihrem Kind diese Einigkeit zu verkörpern, wenn beide Elternteile ihre Anweisungen aus demselben Handbuch bekommen – in diesem Fall der Bibel.

Bringen Sie Ihren Kindern bei, Ihnen schon beim ersten Mal zu gehorchen, so wie Gott von uns sofortigen Gehorsam erwartet, wenn er zu uns spricht. Wenn Ihre Kinder das für ein irdisches Elternteil tun, fällt es ihnen leichter, auch ihrem himmlischen Vater aufs Wort zu gehorchen.

Vor vielen Jahren war unsere Familie auf einer Missionsreise in der Dominikanischen Republik. Wenn Sie schon einmal in einem Entwicklungsland mit dem Auto unterwegs waren, wissen Sie, wie gefährlich der Verkehr in einem solchen Land sein kann. Fahrzeuge rasen mit hoher Geschwindigkeit an Ihnen vorbei, und oft sind sie nur wenige Zentimeter entfernt von Kindern, die am Straßenrand spielen. Eines Abends war mein Sohn Sam in seiner eigenen kleinen Spielwelt versunken. Er lief im Zickzack vom Bürgersteig auf die schmale Straße und wieder zurück.

Auf dieser Straße herrschte kein reger Verkehr, aber aus den Häusern drang laute Musik, und es war stockdunkel. Ich war etwa drei Meter von meinem Sohn entfernt, als ich plötzlich schrie: „Samuel, nicht bewegen!" Sofort stand er still. Nur eine Sekunde später raste ein Moped an ihm vorbei, mit 60 Stundenkilometern und ohne Licht –, genau an der Stelle, an der sich Samuel ohne meinen Warnruf gerade befunden hätte.

Mein sechs Jahre alter Sohn ignorierte mich nicht; er diskutierte nicht mit mir herum und er war auch nicht ungehorsam. Ich sagte, er solle sich nicht bewegen und er stand sofort still. Dieser Gehorsam hatte ihm vielleicht das Leben gerettet. Aber dieser sofortige Gehorsam war kein Glücksfall, und er kam auch nicht automatisch zustande, sondern er war eine Folge von monatelangem Training und Erziehung zum Gehorsam in vielen ungefährlichen Situationen. Wir hatten unsere Ziele hoch gesteckt und unser Kind so erzogen, dass es auf unsere Worte reagierte. Und als es darauf ankam, bestand Sam diese Prüfung.

Konsequenz zahlt sich immer aus.

Konsequenz hat Konsequenzen

Kinder sollten nicht unsicher sein müssen, ob sie für eine Handlung oder eine Verhaltensweise zurechtgewiesen werden oder nicht. Sie sollten es wissen. Sie sollten auch wissen, dass Absicht und Ausmaß eines unakzeptablen Verhaltens die Art der Strafe bestimmen. Und lassen Sie sich nicht zum Narren halten. Ihr süßer kleiner Engel ist raffinierter als jeder Anwalt für Schadensrecht. Wenn Sie es zulassen, kann Ihr Töchterchen Sie in Sekundenbruchteilen zu einer Strafmilderung überreden. Sie müssen einfach konsequent sein, denn sonst führt jede Abweichung zu noch mehr Verwirrung, und plötzlich werden Streitpunkte, bei denen es nur Schwarz und Weiß gibt, zu Grauzonen. Wenn das passiert, wird es schwierig mit den Konsequenzen.

Normalerweise sollten Ihre Bitten nicht zur Debatte stehen, aber in manchen Situationen könnte man darüber diskutieren, mit der passenden Einstellung und zum richtigen Zeitpunkt. Es besteht ein Unterschied zwischen einem Streit und einer Diskussion. Lassen Sie Ihre Kinder ihre Bitte vortragen und hören Sie ihrer Begründung zu. Erlauben Sie Ihren Kindern, das Warum zu erklären. Vielleicht erhalten Sie auf diesem Weg neue Informationen, die Ihre bisherige Meinung ändern.

Viele Eltern lassen sich von ihren Kindern diktieren, wann sie ins Bett gehen, was sie essen oder welche Sendungen sie im Fernsehen sehen wollen. Aber das Recht, solche Entscheidungen zu treffen, muss man sich verdienen. Man hat nicht automatisch einen Anspruch darauf. Ein dreijähriges Kind hat kein Recht darauf, mit seinen Eltern zu verhandeln. Es kann nichts Gutes dabei herauskommen, wenn man auf die Launen eines Kindes eingeht.

Gehorsam entsteht aus Liebe, Furcht oder Respekt vor einer Person. In einer Familie kann kein Frieden herrschen, wenn die Eltern kein Rückgrat haben. Eltern, die nicht konsequent sind, werden in den kommenden Jahren immer wieder den Preis für ihre Nachlässigkeit bezahlen.

Erziehen Sie Ihre Kinder. Beginnen Sie damit im Kleinkindalter. Lassen Sie Ihre Kinder die Konsequenzen ihres Fehlverhaltens spüren, und zwar beim ersten Mal, nicht erst beim dritten oder fünften Mal oder wenn Sie anfangen, sich die Haare zu raufen. Lassen Sie Ihre Kinder wissen, dass Sie Ihre Elternrolle ernst nehmen. Bringen Sie ihnen bei, zu gehorchen, sobald Sie eine Bitte äußern. Anders ausgedrückt heißt das: Wenn Sie Ihrer zwölfjährigen Tochter sagen, dass es für ihre Freundinnen Zeit ist, sich auf den Heimweg zu machen, dann weiß sie eines: Es bringt nichts, wenn sie sich beschwert, wenn sie jammert oder lange zögert, bis sie ihren Freundinnen endlich Bescheid sagt. Sie gehorcht sofort, ohne Theater zu machen oder die Augen zu verdrehen.

„Wenn meine fünfjährige Tochter nicht sofort hört", erzählte mir eine Mutter, „frage ich sie, was in Epheser 6,1 steht. Sie kann diesen Vers auswendig aufsagen, und normalerweise tut sie, was man ihr sagt. Aber wenn sie erwidert: ‚Das kann ich nicht. Es ist zu schwer', dann zitieren wir Philipper 4,13: ‚Nichts ist mir unmöglich, weil der, der bei mir ist, mich stark macht'" (NGÜ).

Ihre Kinder orientieren sich daran, wie hoch Sie die Messlatte hängen. Wenn Sie Ihren Kindern erlauben, erst beim dritten Anschreien zu reagieren oder nachdem Sie bis drei gezählt haben, vermitteln Sie ihnen die falsche Botschaft. Sie als Elternteil haben es in der Hand, Ihre Kinder zu sofortigem Gehorsam zu erziehen.

Konsequenz muss stabil sein

Machen wir uns nichts vor: Es ist schwer, konsequent zu sein. Manchmal ist ein Elternteil nachsichtiger als der andere. Vielleicht leben die Eltern in Scheidung und es findet ein Krieg zwischen den beiden neuen Elternhäusern statt. Ein Elternteil erlaubt dem Kind mehr als der andere, um in der Beziehung zum Kind die Oberhand zu haben.

Manchmal liegt es auch daran, dass beide Eltern berufstätig sind und nach einem Arbeitstag erschöpft nach Hause kommen. Dann fällt es ihnen natürlich schwer, Regeln durchzudrücken oder gegen den Eigenwillen ihres Kindes anzukämpfen. Es fehlt ihnen an Zeit, Energie und Entschlossenheit. Aber ein solches Umfeld wird zu einem Nährboden für fehlende Konsequenz.

Wenn Fehlverhalten an einem Tag geduldet, aber am nächsten Tag bestraft wird, ist Ihr Kind verunsichert. Diese Verunsicherung führt zu einem Austesten von Grenzen, um festzustellen, wie weit Ihr Kind gehen kann. Unterschiedliche Botschaften machen Ihnen die Aufgabe bloß noch schwerer.

Aber es gibt eine gute Nachricht: Die Erziehung Ihrer Kinder zum Gehorsam muss nicht unbedingt anstrengend oder frustrierend sein. Sie sollten bloß konsequent sein. Wenn Ihre Kinder wissen, was sie bei Ungehorsam zu erwarten haben, schaffen Sie ein Verhaltensmuster, das in

Ihrer Familie zu Frieden und Stabilität führt.

Wenn das Wort Gottes oder sein Geist oder jemand, der von ihm beauftragt ist (ein Hinweis: das sind Sie als Elternteil) sagt, was zu tun ist, dann sollte auf diese Anweisung mit sofortigem Gehorsam reagiert werden. Dadurch bereiten Sie Ihre Kinder auf jene Art von Gehorsam vor, die Maria an den Tag legte, als sie sagte: „Siehe, ich bin die Magd des Herrn; es geschehe mir nach deinem Wort!" (Lukas 1,38).

Sie bringen Ihren Kindern bei, dass Gehorsam die Liebessprache Gottes ist.

Konsequenz nach innen

Wenn wir unsere Kinder zum Gehorsam erziehen, sollten wir daran denken, dass es dabei nicht nur um Verhaltensweisen, sondern auch um die innere Haltung geht. Verhaltensweisen sind sichtbar. Deshalb bestrafen wir manchmal bloß das offenkundige Fehlverhalten, das andere sehen können. Aber wir müssen auch unter die Oberfläche gehen. Wenn Sie Griesgrämigkeit, Herumnörgeln oder passiven Ungehorsam nicht an der Wurzel packen, können Sie das Verhalten niemals verändern. Verhalten entsteht aus einer inneren Haltung heraus. Das, was Ihre Kinder tun, offenbart das, was tatsächlich in ihrem Herzen stattfindet. Engagierte Eltern bemühen sich darum, hinter dem

Was das Warum zu erkennen. Also erziehen Sie Ihre Kinder von innen und von außen auf dem Weg, den sie gehen sollen (vgl. Sprüche 22,6).

Ohne Erziehung zum Gehorsam regiert das Chaos, zerfällt die Liebe zu Nichts, und fehlende Konsequenz gewinnt die Oberhand.

Konsequenz in der Eltern-Kind-Beziehung

Je enger Ihre Verbindung zu Ihren Kindern ist, desto leichter fällt es ihnen, Ihre Erziehung zum Gehorsam zu akzeptieren. Josh McDowell sagt: „Regeln ohne Beziehung führen zur Rebellion.“[12] Unzählige Male habe ich diese Worte in Gedanken wiederholt, als Erinnerung daran, dass ich die Kommunikation mit meinen Kindern aufrechterhalten und in die Beziehung zu ihnen mehr investieren sollte als in meine Erwartungen. In Wahrheit haben wir doch alle schon einmal rebelliert. Aber es gibt eine Zeit für Erziehung zum Gehorsam. Es gibt eine Zeit für eine Umkehr und es gibt eine Zeit für Vergebung. Sie als Eltern legen die Routine, die Regeln und die Erwartungen fest, denn das ist die Aufgabe von guten Eltern.

Die Elternrolle folgt jedoch dem Leitbild der Beziehung zwischen Gott und uns. Er ist der Schöpfer, wir sind seine Geschöpfe. Er als der Schöpfer hat das Sagen, und so ist es auch bei uns als Eltern. Natürlich dauert es eine Weile, dieses Prinzip zu vermitteln, aber damit ersparen Sie sich einen jahrelangen Kampf der wiederholt ausgesprochenen Bitten gegen die ständigen Versuche ihrer Kinder, ihren Kopf durchzusetzen. Konsequenz bei der Erziehung zum

Gehorsam beendet das Rätselraten in der Kindererziehung und verringert Familiendramen.

Mein Freund, der Pastor Chip Ingram, sagt zu diesem Thema: „Der Elternteil, der ein Gleichgewicht zwischen Liebe und der Erziehung zum Gehorsam herstellt, ohne beides aufs Spiel zu setzen, zieht ausgeglichene Kinder groß, die eine positive Beziehung zu ihren Eltern pflegen.“[13]

Ist es möglich, Kinder großzuziehen, die Ihnen Respekt und Gehorsam entgegenbringen? Ja, und es ist sogar leichter, als Sie denken. Wenn Sie sich erst einmal die Zeit nehmen, Ihre Erwartungen zu formulieren, mit Liebe zum Gehorsam zu erziehen, und dabei konsequent bleiben, werden Sie erkennen, dass die Ergebnisse dieser Bemühungen für Sie befreiend sein können.

Der Schlüssel zum Erfolg heißt Konsequenz, und dieser Schlüssel öffnet die Tür zur Freiheit.

6

Das Herz einer Mutter

Als er dreieinhalb Jahre alt war, war Sam ein kontaktfreudiges und temperamentvolles Kind. Den ganzen Sommer über hatte er mit seinen Schwestern eine tolle Zeit erlebt. Aber jetzt waren sie wieder in der Schule. Nur er musste zu Hause bleiben. Plötzlich veränderte er sich. Er verhielt sich ganz anders als sonst. Die ungewohnte Stille im Haus schien auch seine Seele zum Schweigen zu bringen.

Meine Frau Beth bemerkte diese Veränderung. Sie entschloss sich, daraus Kapital zu schlagen und Sam eine wichtige Wahrheit zu vermitteln. „Samuel", sagte sie deshalb. „Ich möchte, dass du etwas für mich tust. Bleib, wo du bist. Jetzt stell dir vor, dass in diesem Zimmer eine lange Reihe von dreijährigen Kindern steht."

Beths Blick wanderte an dieser unsichtbaren Reihe entlang. „Hier ist ein Junge mit dunklen Haaren. Dort drüben steht einer mit hellem Haar. Die einen haben große Nasen, die anderen haben kleine Nasen, blaue Augen, braune Augen." Sie musterte ihren Sohn mit einem ernsten Blick. „Hier gibt es viele verschiedene Kinder."

Sam sah sich um, als ob er fragen wollte: *Wo sind denn diese Kinder?*

„Jetzt wollen wir mal sehen", fuhr Beth fort. „Wenn ich mir unter allen diesen Kindern eines aussuchen könnte, das mein Sohn sein soll - was meinst du, für welches Kind ich mich entscheiden würde?" Wieder suchte sie mit ihren Blicken die unsichtbare Reihe ab. Samuel wurde ganz still; dann stellte er sich so gerade hin, wie er konnte, und sah Beth unverwandt an.

Schließlich kniete sie sich vor ihm hin. „Jetzt weiß ich es: Ich nehme den mit dem blonden Haar, den braunen Augen und dem strahlenden Lächeln."

Samuel fing an zu grinsen und umarmte sie. „Warum hast du mich so lieb, Mami?"

„Weil du was ganz Besonderes bist", antwortet sie. „Ich habe mich schon so sehr gefreut auf die Zeit, die wir zwei zusammen verbringen können, während deine Schwestern in der Schule sind. Gott hat dich mir zum Geschenk gemacht und ich darf deine Mutter sein."

Genau das ist die Aufgabe von Müttern. Sie entscheiden sich für ihre Kinder.

Das Herz der Familie

Von Forest Witcraft, einem Leiter der frühen Pfadfinderbewegung, stammen diese klugen Worte über Prioritäten:

In hundert Jahren wird es keine Rolle mehr spielen, was ich auf dem Bankkonto hatte, in welchem Haus ich gewohnt oder welches Auto ich gefahren habe. Aber die Welt ist vielleicht anders, weil ich im Leben eines Kindes eine wichtige Rolle gespielt habe.[14]

Diese Worte stehen auf einer kleinen Tafel, die in unserer Küche neben der Spüle hängt. Sie hatten eine große Wirkung auf die Frau, die ich liebe, und auf ihre Liebe zu unseren Kindern. An schweren Tagen diente dieses Zitat meiner Frau als Erinnerung daran, dass die Mutterrolle ein Marathon ist und kein Kurzstreckenlauf. Die darin enthaltene Botschaft steht in einem krassen Widerspruch zu den Auffassungen in unserer modernen Gesellschaft, sie ist aber hilfreich, um die richtige Perspektive zu bekommen.

Was das Herz für den Körper ist, ist die Mutter für die Familie, denn Sie pumpen pulsierendes Leben in Ihre Kinder hinein. Das geschieht jeden Tag aufs Neue, wenn Sie Ihre Kinder lieben, sie zum Gehorsam erziehen und ihnen vorleben, wie es ist, Jesus Christus ähnlich zu sein.

Die Welt gibt Ihnen nicht immer die verdiente Anerkennung für die Zeit und Energie, die Sie in Ihre Kinder investieren. Aber auch wenn die Welt eine andere Meinung vertritt, ist die Mutterrolle weit mehr als eine Liste von langweiligen Routine-Arbeiten oder ein Hindernis bei der „richtigen" Arbeit im Beruf. Die Mutterrolle ist eine besondere, heilige Berufung, der wichtigste Job, den Sie in Ihrem Leben jemals haben werden. Linda Weber nennt diese Aufgabe „eine komplexe, wunderbare Herausforderung, die es wert ist, dass eine Mutter alles dafür gibt."[15]

Eine Investition in die Zukunft

Die Nachrichtenagentur Reuters hat herausgefunden, dass eine Mutter, die zu Hause bleibt, die satte Summe von 138.095 Dollar pro Jahr verdienen würde, wenn man sie für ihre Leistung bezahlen und sie für persönliche Zufriedenheit und vorhaltslose Liebe Geld bekommen würde. Ihre Leistungen beinhalten unter anderem die Arbeit als „Haushälterin, Köchin, Tagesmutter, Waschmaschinen-Mechaniker, Chauffeur, Hausmeister, Pförtner, Computerspezialist, Vorstandschefin und Psychologin" – das bedeutet eine Arbeitswoche von mehr als 90 Stunden. Eine voll berufstätige Mutter würde für ihre Arbeit zu Hause ein zusätzliches Jahresgehalt von 85.939 Dollar verdienen.[16]

Angesichts dessen, was Mütter für die Familie tun, ist diese Summe wahrscheinlich noch zu niedrig angesetzt.

Aber hier kommt eine Eilmeldung: Laufen Sie nicht sofort zu Ihrem Laptop, um Ihren Kontostand zu überprüfen. Denn auf Ihrem Bankkonto gibt es keine direkten Einzahlungen. In Wirklichkeit ist das Gegenteil der Fall. Die Einzahlungen werden von den Müttern getätigt. Sie machen jeden Tag eine Investition auf das Glaubenskonto ihrer Kinder. Und in hundert Jahren

werden diese Investitionen noch immer Erträge erwirtschaften – im Leben von Kindern, Enkeln und Urenkeln. Manche Mütter spielen die Bedeutung ihrer Rolle herunter mit Worten wie: „Ich bin nur Hausfrau und Mutter", oder: „Ich bin Architektin. Ach ja, und außerdem habe ich drei Kinder zu Hause."

Aber die Mutterrolle ist keine Karriere zweiter Wahl. Wenn Sie versuchen, Kinder großzuziehen, die den Herrn Jesus Christus lieben, dann kann Ihre Rolle als Mutter gar nicht hoch genug eingeschätzt werden. Wenn Sie nicht verstehen, wie viel Sie in den Augen Gottes wert sind, wie können Sie dann erkennen, wie wertvoll es ist, Kinder großzuziehen, die ein Leben nach dem Willen Gottes führen? Sie können nicht weitergeben, was Sie nicht selbst besitzen. Sie sind wertvoll in den Augen Gottes. Deshalb sind die Pflichten und Herausforderungen der Mutterrolle genauso wertvoll.

Sie sind das Herz der Familie. Entscheiden Sie sich für eine kluge Investition in Ihr Familienleben.

Sorgen Sie für Stabilität in der Familie

Unsere moderne Welt ist geprägt von Hektik und Betriebsamkeit. Wir alle erfüllen verschiedene Aufgaben gleichzeitig. Wir jonglieren mit unserer Zeit und Kraft. Wir führen ein Leben in Bruchstücken. Aber Hektik ist unvereinbar mit Frieden. Eine Familie im Chaos, bei dem jeder wegrennt, um seinen eigenen Interessen nachzugehen, führt zu Instabilität und Unsicherheit im Herzen eines Kindes. Sie als Mutter sind tonangebend in der Familie. Ihr Zuhause ist ein Übungsplatz, in dem Lektionen des Glaubens gelehrt und wiederholt werden. Sie sind diejenige, die eine Atmosphäre der gegenseitigen Akzeptanz schaffen kann, einen Ort des Friedens, ein Umfeld, in dem die Güte Gottes und die Freude regieren.

Bei dieser Art von Stabilität spielt die Beziehung der Mutter zu ihrem Mann eine entscheidende Rolle. Neben Ihrer Beziehung zu Jesus Christus sollte die Verbindung zu Ihrem Ehepartner die höchste Priorität haben. Ihr Mann kommt sogar noch vor den Kindern. Kinder sind sehr sensibel. Sie finden schnell heraus, welche Art von Beziehung ihre Eltern haben. Arbeiten Sie an dieser Beziehung. Investieren Sie so viel Zeit und Aufmerksamkeit in Ihre Beziehung wie nötig. Finden Sie Frieden und Freude in Ihrer Beziehung zu Ihrem Ehepartner, dann geben Sie diese Dinge auch an Ihre Kinder weiter.

Folgen Sie nicht dem aktuellen Trend, Ihre Kinder auch zu Hause in unzählige Aktivitäten zu verwickeln, denn damit strapazieren Sie nur Ihr Familienleben. Wirken Sie diesem Trend entgegen und wirken Sie beruhigend auf Ihre Kinder ein. Schaffen Sie Strukturen, damit Ihre Kinder ihr Zuhause als sicheren Ort empfinden.

Verteidigen Sie die Zeit, die Sie als Familie gemeinsam verbringen, wie eine Löwin. Geben Sie Ihren Kindern Raum zum Atmen und genügend Spielraum in ihrem Leben. Sagen Sie um Ihrer Kinder willen Nein, wenn man Sie in unzählige Aktivitäten hineinziehen will. Schließlich brauchen Sie Zeit, um Ihren Kindern wichtige Lektionen über den Glauben zu vermitteln. Und Ihre Kinder brauchen Zeit, um diese Lektionen zu verarbeiten.

Nehmen Sie die Mahlzeiten gemeinsam ein. Studien belegen, dass regelmäßige Mahlzeiten in der Familie positive Auswirkungen haben: bessere Schulnoten, bessere zwischenmenschliche Beziehungen, bessere Manieren, ein besseres Selbstwertgefühl, eine bessere Gesundheit und weniger Verhaltensprobleme.[17]

In unserer Familie bemüht Beth sich sehr darum, dass unser gemeinsames Abendessen ungestört verläuft. Wir versuchen, wenigstens viermal pro Woche zusammen zu Abend zu essen, aber je älter die Kinder werden, desto komplizierter wird die Terminplanung. Manchmal essen wir erst um 21:00 Uhr, aber unser Zusammensein ist diese Mühe wert. Und wir sind wirklich zusammen. Wenn wir alle am Tisch sitzen, gibt es keine Telefonate, keine E-Mails, kein Verschicken oder Empfangen von SMS, keine Twitter-Nachrichten. (Ich bekommen schon allein beim Tippen dieses Satzes nervöse Zuckungen!) Beths entschlossenes Festhalten an diesen gemeinsamen Mahlzeiten ist wie ein Leuchtfeuer, das uns sicher in den Hafen geleitet, denn wir wollen doch nicht wie Schiffe sein, die aneinander vorbeifahren.

Vor einiger Zeit war ich bei einer Familie eingeladen. Die Mutter hatte zugelassen, dass ihre dreijährige Tochter das Kommando übernahm. Während meines kurzen Besuchs wiederholte die Mutter ständig Drohungen wie: „Du bekommst gleich einen Klaps", oder: „Ich schließe dich gleich in deinem Zimmer ein!" Die angedrohten Strafen wurden natürlich nicht vollzogen. Schließlich kletterte das kleine Mädchen auf den Küchentisch und begann, darauf herumzuhopsen. Die Mutter sagte: „Ich zähle bis zehn, dann bist du unten!“

Nun, ich bin kein großer Fan dieser „Ich zähle bis drei“-Methode, aber ... bis *zehn?* Die Kleine hätte in der Zeit, in der ihre Mutter zählte, eine Bank ausrauben und wieder nach Hause zurückkehren können! Wie dem auch sei, die Mutter zählte weiter und das Kind hopste weiter auf dem Tisch herum. Was meinen Sie, wann die kleine Prinzessin sich endlich bequemte, mit dem Hopsen aufzuhören? Wenn Sie vermuten, dass die Mutter bis neun zählen musste, sind Sie ziemlich nah dran. Aber wenn man es genau nimmt hatte sie eigentlich schon bis neuneinhalb gezählt. Vielleicht wollte die Mutter ihrer kleinen Tochter das Zählen beibringen – oder sogar das Bruchrechnen. Aber diese Erziehungsmaßnahme war ein armseliger Versuch, dem Kind Respekt beizubringen, geschweige denn sofortigen Gehorsam.

Liebe Mütter, Sie haben von Gott die Autorität bekommen, Ihre Kinder zu führen, zu lenken und zum Gehorsam zu erziehen. Treten Sie diese Verantwortung nicht an Ihre sechs- oder 16-jährigen Kinder ab. Wenn Sie von Ihren Kindern Gehorsam erwarten, kehren bei Ihnen zu Hause Ordnung und Ruhe ein.

Wir alle wissen, dass zur Mutterrolle eine schier endlose Liste an Routineaufgaben im Haushalt gehört. Aber das Wesentliche geschieht fast nebenbei, wenn das Geschirr gespült oder die Wäsche zusammengelegt wird. Eine Mutter ist für ihr Kind da, wenn es ein offenes Ohr braucht, ein tröstendes Wort, einen strengen Blick, eine tröstende Umarmung oder ein von Herzen kommendes Gebet.

Zumindest hoffen wir, dass es so ist.

Die Mutter der bekannten Sängerin und Schauspielerin Barbra Streisand ist vor etlichen Jahren verstorben. Die Beziehung zwischen Mutter und Tochter war lange Zeit angespannt. Als Barbra ihr großes Comeback-Konzert im New Yorker *Madison Square Garden* gab, war ihre Mutter 85 Jahre alt. Sie saß in der zweiten Reihe, als Barbra sie mit der Frage begrüßte: „Bist du jetzt endlich stolz auf mich, Mama?“

Manche von Ihnen können diesen Unfrieden zwischen Mutter und Tochter vielleicht aus eigener Erfahrung nachvollziehen. Wie Barbra Streisand warten und hoffen Sie noch immer auf einen Segen von Ihrer Mutter, auf ein Mut machendes Wort. Auf *irgendein* Wort.

Sie haben es in der Hand. Durchbrechen Sie diesen Kreislauf. Enthalten Sie Ihren Kindern dieses Geschenk nicht vor. Wir können in der Vergangenheit leben oder wir können aus der Vergangenheit lernen. Es ist unklug, wenn man die Sünden vorheriger Generationen wiederholt.

Als ich 16 war, durchlebte ich eine schwierige Zeit. Ich wuchs innerhalb von zwölf Monaten fast 18 Zentimeter. Mein Vater versuchte, Geld zu sparen und den Kauf neuer

Hosen ein wenig hinauszuzögern. Ich glaubte ihm jedoch nicht, als er mir weismachen wollte, dass dreiviertellange Hosen wieder in Mode kommen sollten.

Wie die meisten 16-Jährigen hatte ich mit meinem Selbstbild zu kämpfen. Ich weiß nicht, wie ich auf die verrückte Idee gekommen war, aber ich entschloss mich, in der Schule für das Amt des Jahrgangssprechers der Oberstufe zu kandidieren. Meiner Mutter war klar, dass diese Kampagne ein großes Risiko für das Selbstbewusstsein eines Jugendlichen war. Als ich am Wahltag nach Hause kam, hing über unserer Haustür ein riesiges Schild, auf dem stand: „Ob du gewinnst oder verlierst – wir haben dich lieb!" Mit diesen einfachen Worten vermittelte meine Mutter einem pubertierenden Jugendlichen eine wichtige Botschaft: *Es ist gleichgültig, was andere von dir halten. In diesen vier Wänden wirst du immer ein Gewinner sein.* Auch auf meinem weiteren Lebensweg musste ich niemals die Frage stellen: *Bist du jetzt endlich stolz auf mich, Mama?*

Ach ja: Die Wahl habe ich damals übrigens gewonnen. Aber das Ergebnis war nicht so wichtig wie das Wissen, dass ich vorbehaltlos geliebt wurde. Unabhängig davon, ob ich gewonnen hatte oder nicht, würde meine Mutter sich immer für mich entscheiden.

Seien Sie kreativ

Als unsere Kinder klein waren, versuchte Beth immer wieder, ihnen anhand von anschaulichen Beispielen beizubringen, wie sie ihre Aufmerksamkeit von sich selbst weg auf andere richten konnten. Sie sprach mit ihnen ständig über die neun Eigenschaften in der Frucht des Heiligen Geistes. Dann kam ihr eine geniale Idee. Sie bastelte ein „Frucht des Geistes"-Schildchen. Dann wählte sie ein Familienmitglied als „Ehrengast des Abends" aus. Jeder von uns betete und dankte Gott für diese Person. Dann wurde es konkret. Jeder von uns sagte, welche Frucht des Geistes wir in den letzten Tagen an ihm oder ihr bemerkt hatten. Dieses abendliche Ritual schuf bei unseren Kindern bleibende Erinnerungen, die ihr positives Verhalten anderen gegenüber verstärkten.

Eine Bekannte von uns, Haylie, hat sich ebenfalls eine kreative Methode ausgedacht, durch die sie wichtige Wahrheiten vermittelt. Sie sammelt die Weihnachtskarten, die ihre Familie bekommt, und bewahrt sie in einem Korb auf. Dieser Korb steht in Reichweite des Esstisches. Wenn die Familie sich zum Abendessen um den Tisch versammelt, wird eine Karte aus dem Korb gezogen. Dann beten alle für die Familie, die die Karte geschickt hat.

Fördern Sie den Glauben

Erinnern Sie sich noch an Hanna aus der Bibel? Sie wünschte sich so sehr ein Kind, aber konnte keines bekommen.

Also ging sie in den Tempel und bat Gott, ihr ein Kind zu schenken. Gott erhörte ihr Gebet. Und dann tat Hanna etwas Erstaunliches. Sie gab dem Herrn ihren Sohn zurück. „Um diesen Jungen habe ich gebetet“ sagte sie, „und der HERR hat mir meine Bitte erfüllt, die ich von ihm erbeten habe. So habe auch ich ihn dem HERRN wiedergegeben. All die Tage, die er lebt, soll er dem HERRN gehören“ (1. Samuel 1,27-28).

Die Mutterrolle ist eine Partnerschaft mit Gott. Eine Mutter trägt dazu bei, die nächste Generation für ein Leben im Glauben zu prägen. Hanna gab Gott ihren Sohn, und der kleine Samuel wurde später einer der bedeutendsten Propheten in Israel.

Meine Frau Beth nimmt diese Partnerschaft ernst. Wenn wir nicht wissen, wie wir uns in einer bestimmten Situation verhalten sollen, bittet sie Gott um Weisheit. Sie betet täglich für unsere Kinder. Sie sucht die Begegnung mit Gott, damit sie besser verstehen kann, was in den Herzen unserer Kinder vor sich geht. Der Herr offenbart Beth seine Weisheit vielleicht durch ein Buch, das sie gerade liest, durch ein Gespräch mit jemandem oder durch eine kreative Idee, wie sie unseren Kindern Glaubensprinzipien vermitteln kann.

Geben Sie Gott Ihre Kinder zurück. Denken Sie im Gebet an sie. Helfen Sie ihnen, den Plan Gottes für ihr Leben zu entdecken. Vielleicht helfen Sie Ihren Kindern im Teenageralter dabei, aus der Bibel einen „Lebensvers" auszuwählen. Helfen Sie ihnen dabei, einen Bibelvers zu finden und auswendig zu lernen, der ihre Überzeugungen und Ziele zusammenfasst. Helfen Sie ihnen dabei, herauszufinden, wie sich die Prinzipien eines gottgemäßen Lebens auf ihren Alltag anwenden lassen. Leben Sie ihnen vor, was es bedeutet, den Herrn, ihren Gott, zu lieben – mit ihrem ganzen Herzen, ihrer ganzen Seele, ihrem ganzen Verstand und ihrer ganzen Kraft.

Gehen Sie zur Quelle

Sie können Ihren Kindern nur dann das Beste geben, wenn Sie Ihre eigenen Glaubenstank immer wieder aufhfüllen. Sie können sich auf horizontaler Ebene in so viele verschiedene Richtungen ausstrecken, dass Sie die vertikale Ebene – Ihre Verbindung zu Gott – ganz vernachlässigen. Aber Sie können nicht etwas geben, das Sie nicht besitzen. Die Bestsellerautorin Angela Thomas hat es folgendermaßen auf den Punkt gebracht:

> *Die Mutterrolle fordert alles von uns. Aber schließlich fühlt man sich schrecklich leer, wenn man alles gegeben und nur wenig wieder aufgefüllt hat. Ich hielt den leeren Becher meiner Seele meinem Mann hin und flehte ihn an, ihn wieder zu füllen. Ich hielt meinen Becher einem größeren Haus hin ... Aber nur Jesus konnte meine Seele füllen. Ich versuchte es bei meinen Kindern und meinen Freundinnen, aber auch sie konnten nicht den Platz ausfüllen, den Gott für sich selbst vorgesehen hat. ... Ich*

hatte mich geirrt. Ich dachte, das Ziel der Mutterrolle sei es, eine Supermutter zu sein. Aber in Wirklichkeit ist Ihr Ziel, für die eigenen Kinder eine Frau nach dem Herzen Gottes zu sein.[19]

Gottes Wort für alle Mütter

Vielleicht haben Sie eine Patchwork-Familie und Ihre Kinder sind nur zeitweise bei Ihnen. Dann sollten Sie für die „andere" Mutter beten, damit sie die Samenkörner, die Sie in Ihre Kinder hineinlegen, auch begießt.

Vielleicht brauchen Sie als alleinerziehende Mutter dringend einen Rückhalt für Ihren Glauben. Dann sollten Sie Hoffnung und Hilfe aus Psalm 68 schöpfen, denn dort wird der Herr als derjenige geschildert, der „Einsamen ein Zuhause" gibt. Einen besseren Partner können Sie nicht haben, denn er schenkt seinen Geist und Trost denen, die keinen Vater haben.

Vielleicht haben Sie als berufstätige Mutter Schuldgefühle, weil die Zeit, die Sie mit Ihren Kindern verbringen können, so knapp bemessen ist. Dann lesen Sie die Worte der Autorin Linda Weber, deren Mutter ebenfalls berufstätig war:

Meine Mutter arbeitete außer Haus. Sie hatte keine andere Wahl. Aber sie wusste auch, was es bedeutete, ihre größten Anstrengungen auf das Wichtigste zu konzentrieren: ihre Kinder. ... Auch wenn Mutter uns keinen hohen Lebensstandard ermöglichen konnte, so gab sie uns doch das, was im Leben wirklich zählt.[20]

Gott hilft Ihnen, ein Leben nach seinem Willen zu führen. Eine Frau nach dem Herzen Gottes ist aufs Engste verbunden mit ihrem Herrn und Erlöser. Eine Frau nach dem Herzen Gottes kann Liebe weitergeben aus dem überfließenden Becher ihrer Seele, den Gott immer wieder aufs Neue füllt.

Zeigen Sie Ihren Kindern ganz bewusst, was es bedeutet, Gott zu lieben und vor seinem Wort Respekt zu haben. Vertrauen Sie Gott, dass er aus Ihnen eine bessere Mutter machen kann. Kämpfen Sie gegen die Neigung an, den Erziehungsprozess beschleunigen zu wollen. Wenn Sie sich zu stark auf Ihre Ziele konzentrieren, könnten Ihnen die besonderen Momente und der eigentliche Sinn der Mutterrolle abhanden kommen.

Unsere Kinder haben keine Pausetaste. Wir können sie nicht in die Warteschleife stellen, während wir uns überlegen, was im Leben wirklich wichtig ist. In ihrem Gedicht macht Helen Young uns das noch einmal bewusst:

Es kommt eine Zeit,
da gibt es keine zugeschlagenen Türen,
keine Spielsachen auf der Treppe,
keine Streitereien unter Kindern,
keine Fingerabdrücke auf der Tapete.
Lass mich dann mit Freude zurückblicken,
nicht mit Bedauern.
Gott, gib mir die Weisheit zu erkennen,

dass meine Zeit mit meinen Kindern heute ist.
Dass es in ihrem Leben keine unwichtigen Momente gibt.
Lass mich erkennen,
dass kein anderer Beruf so wertvoll ist,
keine andere Arbeit so lohnend,
keine andere Aufgabe so dringend.
Hilf mir, diese Aufgabe nicht aufzuschieben
oder zu vernachlässigen,
sondern wirke an mir,
damit ich sie gerne, mit Freuden annehme,
und sei mir gnädig, damit ich erkenne,
dass die Zeit kurz und meine Zeit jetzt ist,
denn Kinder können nicht warten.[21]

Mutter zu sein bedeutet mehr, als Chefköchin, Taxifahrerin, Haushälterin, Hundeführerin, Trostspenderin oder Krankenschwester zu sein. Es bedeutet, sich voll einzubringen in Ihre Beziehung zu Gott und den Glauben an Ihre Söhne und Töchter weiterzugeben. Ihre Kinder müssen wissen, wie wichtig sie Ihnen sind, nämlich viel wichtiger als Ihr Besitz oder Ihre Karriere. Sie sind das entscheidende Glied in der Kette des Glaubens, der von einer Generation an die nächste weitergegeben wird.

Gerade jetzt, heute, treffen Sie die Entscheidung, Ihren Kindern das zu geben, was sie brauchen, damit sie Gott vertrauen können, sich selbst in die Welt hinauswagen und Gott erlauben, in ihrem Leben seine Geschichte zu schreiben.

Entscheiden Sie sich für Ihre Kinder.

Diese Entscheidung werden Sie niemals bereuen. Denn in hundert Jahren, wenn Sie schon lange bei Ihrem Herrn sind, wird Ihr Herzschlag noch immer spürbar sein in den Herzen von Ihren Kindern, Enkeln und Urenkeln, die Gott lieben und ihm dienen.

7

Was ein Vater seinen Kindern geben kann

Becky schien sorgfältiger an dem Bild von ihrer Familie zu malen als alle anderen Kinder im Kindergarten. Sie wollte ein perfektes Bild, denn schließlich sollte das Motiv auf einen Teller gedruckt und als Erinnerungsstück mit nach Hause genommen werden. Mit chirurgischer Präzision zeichnete Becky sich selbst neben ihrer Mutter und dem Familienhund. Sie vergaß kein Detail und malte sogar das kleine Baby im Bauch ihrer Mutter. Für das Mädchen war das Bild vollständig. Schon bald wurde die Zeichnung auf den Teller übertragen. Stolz trug Becky ihr Kunstwerk nach Hause. Jetzt stellte sich heraus, dass es ein Problem gab: Beckys Eltern waren nicht geschieden. Beckys Mutter war keine alleinerziehende Mutter. „Aber so hat sie unsere Familie gesehen", erklärt ihr Vater Ron. „Ich habe so viel gearbeitet, dass ich nicht mit aufs Bild kam."

25 Jahre sind inzwischen vergangen, aber Ron hat diesen Teller noch immer, zur Erinnerung daran, dass ein

Vater sich ganz bewusst ins Leben seiner Kinder einbringen muss.

Sie gehören mit aufs Bild

Wollen Sie auf den Gemälden Ihrer Kinder abgebildet sein? Fallen Sie nicht darauf herein, wenn man Ihnen vorgaukeln will, dass Ihre Kinder ganz natürlich im Glauben aufwachsen, ob Sie nun an ihrer Erziehung beteiligt sind oder nicht. Die positive Präsenz eines Vaters und das Beteiligen an der Erziehung spielen eine ungemein wichtige Rolle, wenn Kinder glauben lernen.

Eine *ungemein wichtige* Rolle.

Wenn Sie als Vater dieses Buch lesen, anstatt im Fernsehen eine Sportsendung anzusehen oder im Internet mit Aktien zu handeln, dann freut mich das für Sie. Wenn Sie eine Mutter sind, deren Mann ständig am Fernseh- oder Computerbildschirm hängt oder aber mit der Arbeit beschäftigt ist, die er vom Büro nach Hause bringt, dann überreden Sie ihn, wenigstens dieses kurze Kapitel zu lesen.

Die meisten Väter wollen sich am Familienleben beteiligen. Wir wollen im Leben unserer Kinder Vorbilder sein und einen positiven Einfluss auf sie ausüben. Wir wollen unseren Kindern Mut machen, ihnen helfen und sie lieben. Wir wissen bloß nicht immer, wie wir es anstellen sollen.

Alle Väter stehen unter enormem Druck. Sie kennen bestimmt auch jene Momente, in denen Sie sich einer Sache nicht gewachsen fühlen, diese Nächte, in denen Sie kaum zur Ruhe kommen. Aber eins sollten Sie wissen: Diese Gefühle der Unzulänglichkeit erleichtern unserem Herrn die Arbeit. Arroganz und Überheblichkeit hindern das Wirken Gottes, aber wenn Sie erkennen, dass Sie Hilfe brauchen, öffnen Sie dem Herrn die Tür, und er kann in Ihr Leben eintreten.

Für die Kindererziehung gibt es keine Landkarte und auch kein Navigationsgerät. Deshalb können Sie sich auch eingestehen, dass Sie früher oder später nach dem Weg fragen müssen.

Sechs Geschenke, die Ihre Kinder dringend brauchen

Liebe Väter, manche Dinge können nur Sie Ihren Kindern geben. Und damit meine ich nicht solche Dinge wie Basketballschuhe, Handys, mehr Taschengeld oder teure Urlaube. Die Geschenke, die ich meine, sind viel wichtiger und viel wertvoller. Wenn Sie Ihren Kindern diese Geschenke machen, werden Sie in den nächsten Jahren eine reiche Ernte einfahren.

Wenn Sie Ihren Kindern diese Geschenke hingegen vorenthalten, müssen Sie vielleicht hilflos mitansehen, wie sie den falschen Weg einschlagen.

Geschenk Nr. 1:
Lieben Sie die Mutter Ihrer Kinder

Erinnern Sie sich noch, wie es war, bevor Sie verheiratet waren, bevor Sie Kinder hatten? Erinnern Sie sich noch daran, wie heftig Ihr Herz klopfte, wenn sie einen Raum betrat? Erinnern Sie sich noch, was Sie alles angestellt haben, damit sie auf Sie aufmerksam wurde? Sie verbrachten viele Stunden damit, an sie zu denken. Sie haben ihr Liebesbriefe, vielleicht sogar Gedichte, geschrieben, um ihr Herz im Sturm zu erobern und ihr zu zeigen, wie sehr Sie sie liebten.

Machen Sie das alles wieder.

Gehen Sie liebevoll mit Ihrer Frau um – besonders vor den Kindern. Meinungsverschiedenheiten oder Wortgefechte tragen Sie am besten unter vier Augen aus. Nehmen Sie Anteil an den Interessen Ihrer Frau; überraschen Sie sie; behandeln Sie Ihre Frau wie damals, als Sie um sie geworben haben. Vielleicht meinen Sie, dass romantische Gefühle für Ihre Frau nur wenig mit der Vaterrolle zu tun haben, aber sie sind ein Schlüssel, wenn Sie Ihren Kindern Geborgenheit und Liebe schenken wollen.

Reservieren Sie in Ihrem Terminkalender jeden Monat einen oder zwei Abende, die Sie gemeinsam verbringen – nur Sie beide. Ja, ich weiß. Sie meinen, Sie seien zu beschäftigt oder solche gemeinsamen Abende seien zu kostspielig. Aber Sie können es sich nicht leisten, eine solche Investition nicht zu tätigen. Wenn Ihre Kinder noch klein sind und Sie sich keinen Babysitter leisten können, suchen Sie sich ein anderes Paar mit Kleinkindern und wechseln sie sich einmal im Monat damit ab, die Kinder zu beaufsichtigen. Glauben Sie mir: Diese Abende zu zweit wirken belebend auf Ihre Beziehung. Sie und Ihre Kinder werden davon profitieren.

Als unsere Kinder noch sehr klein waren, trafen Beth und ich für einen solchen Abend zu zweit Vorbereitungen. Ich schilderte den Kindern in leuchtenden Farben meine Pläne für den Abend. Sie rannten hin und her, um Beth von den verlockenden Geheimnissen meiner geplanten Überraschungen zu berichten. Schließlich sah mich eines unserer Kinder mit flehendem Blick an und fragte: „Können wir mitkommen?"

Ich gab ihnen immer die gleiche Antwort: „Auf keinen Fall. Ich habe eine Verabredung mit der schönsten Frau der Welt und ihr seid nicht eingeladen."

Klingt das in Ihren Ohren kalt und abweisend? Das war nicht meine Absicht, sondern meine Worte waren für unsere Kinder so etwas wie ein Segensspruch. Sie gaben ihnen genau das, was sie brauchten, nämlich ein Gefühl der Geborgenheit und Sicherheit. Wenn der Babysitter sie an jenem Abend ins Bett brachte, konnten sie beruhigt einschlafen, weil sie wussten: „Meine Mami liebt meinen Papi und mein Papi liebt meine Mami." Für ein Kind ist das eine sehr gesunde Art, den Tag zu beenden. Lieben Sie Ihre Frau und zeigen Sie es ihr auch. Ein guter Ehemann ist auch ein guter Vater.

Geschenk Nr. 2: Bringen Sie Ihren Kindern Respekt bei

Zur Kindheit gehört auch das Austesten von Grenzen. Ein Kind will wissen, wie weit es gehen kann und wo die Grenzen gezogen werden. Ihre Kinder treten den Rückzug an, wenn Sie ihnen klarmachen, was von ihnen erwartet wird. Wenn Sie Ihren Kindern Respekt beibringen wollen, sollten Sie damit sehr früh beginnen. Dieser Prozess sollte von beiden Elternteilen untermauert werden.

Sie glauben das nicht? Sie werden erleben, wie schnell ein Kind im Vorschulalter zu Papa rennt, wenn Mama Nein sagt.

Mit diesen einfachen Lektionen können Sie die große Bedeutung von Respekt untermauern:

- Schau den Leuten in die Augen, wenn du mit ihnen sprichst.
- Die Welt dreht sich nicht um dich allein.
- Wenn du Danke sagst, dann soll es von Herzen kommen.
- Sei hilfsbereit anderen Menschen gegenüber.
- Gehorche beim ersten Mal, wenn man dich um etwas bittet.
- Behandle deine Mutter mit Respekt und Ehrfurcht.

Eltern sind nie um Ausreden verlegen, wenn ihre Kinder es am nötigen Respekt fehlen lassen. Ein paar Beispiele: „Sie ist doch so schüchtern.“ – „Er hat letzte Nacht schlecht geschlafen.“ – „Er hat heute Morgen nur zwei Wutanfälle gehabt. Es war also schon schlimmer.“ Vielleicht steckt in diesen Ausreden ein Körnchen Wahrheit, aber das Fazit lautet: Sie bekommen das, was Sie erwarten. Legen Sie die Messlatte hoch, und wenn Ihre Kinder sie nicht erreichen, hat das eben Konsequenzen. Von Natur aus möchten Ihre Kinder gerne Ihren Erwartungen entsprechen. Deshalb sollten Sie frühzeitig damit beginnen, Ihnen Respekt beizubringen – Respekt vor sich selbst, vor anderen, vor dem Eigentum anderer und vor Gott.

Zeigen Sie Rückgrat, wenn es um Ihre Kinder geht. Vielleicht können Sie gegenüber dem Vorstand Ihrer Firma Ihren Standpunkt durchsetzen, aber das zählt nicht bei Ihrem siebenjährigen Sohn, wenn Sie zulassen, dass er seiner Mutter Widerreden gibt oder Ihre Tochter im Teenageralter mit unangemessener Kleidung das Haus verlassen möchte.

Prägen Sie Ihrem Sohn ein, dass er Respekt vor dem anderen Geschlecht haben soll. Verhalten Sie sich höflich und respektvoll gegenüber Frauen aus allen Altersgruppen. Sie sind für Ihren Sohn ein Vorbild. Zeigen Sie ihm, wie man Frauen behandeln sollte. Bringen Sie Ihrer Tochter bei, dass sie niemals Respektlosigkeit oder herrschsüchtiges Verhalten dulden sollte. Wenn Sie erlebt, wie Sie Frauen freundlich und respektvoll begegnen, wird sie es nicht tolerieren, wenn Jungen oder Männer sie schlecht behandeln.

Eine Bekannte von mir geht zum Start in den Tag jeden Morgen in ihr Lieblings-Café. „Dort bekomme ich mehr als eine gute Tasse Kaffee“, erklärt sie. „Es ist ein Ort der Begegnung. Die Leute reden miteinander und man erlebt Gemeinschaft. Verbindungen werden geknüpft und Beziehungen nehmen ihren Anfang. Man sieht dort jeden Tag dieselben Leute. Sie werden zu einem Teil deiner Routine, zu einem Teil deines Lebens.“

Von diesem Café könnten wir eine Menge lernen. Wir sollten aus unserem Zuhause ebenfalls einen Ort der Begegnung machen, einen Ort, an dem wir mit unseren Kindern Verbindungen knüpfen können. Für Väter ist die Beziehung zu einem Sohn vielleicht einfacher, weil es gemeinsame Interessen gibt. Aber wir sollten auch zu unseren Töchtern eine gute Verbindung pflegen, damit sie als Erwachsene zu ausgeglichenen Frauen werden. Wenn die Vater-Tochter-Beziehung nur gezwungenermaßen existiert oder ganz fehlt, könnten die Folgen negative Gefühle wie Minderwertigkeitskomplexe, Angst oder mangelnde Disziplin sein.

Forschungsergebnissen zufolge ist bei einer Tochter, die keine enge Beziehung zu ihrem Vater hat, die Wahrscheinlichkeit, dass sie auf sexuellem Gebiet experimentierfreudig wird, weit höher.[22] Das Bedürfnis nach männlicher Aufmerksamkeit ist ihr angeboren, und Gott hat es so geplant, dass sie diese Aufmerksamkeit zuallererst von Ihnen als Ihrem Vater bekommt. Wenn sich eine Tochter von ihrem Vater nicht geliebt, gebraucht und bei ihm geborgen fühlt, wird sie genau das bei anderen Männern suchen.

Als meine Töchter noch sehr klein waren, machte Gott mir sehr deutlich, dass Töchter von ihren Vätern geliebt und geschätzt werden sollten. Ich gebe zu, die Stimme, mit der mir das gesagt wurde, klang ganz wie die meiner Frau, aber trotzdem empfand ich es als das Reden Gottes. Und beide hatten sie recht. Ich habe ganz bewusst in das Leben meiner Töchter investiert, und ich habe weder die Kosten noch die Mühe bereut.

Kommen Sie mit aufs Bild. Rufen Sie gemeinsam als Familie Traditionen ins Leben. Lassen Sie die Ausrede vom Zeit- oder Geldmangel nicht gelten. Seien wir doch ehrlich: Sie geben so viel Geld für andere Dinge aus. Warum investieren Sie es nicht in Aktivitäten, die ihre familiären Beziehungen vertiefen? Wenn Sie sich darum bemühen, Ihren Kindern schöne Erinnerungen zu schenken, werden Sie einen dauerhaften Eindruck hinterlassen.

Vor Jahren entschloss ich mich, mit jedem meiner Kinder einen Ausflug nach New York zu machen, sobald sie das Teenageralter erreichen würden. Um diesen Entschluss in die Tat umzusetzen, musste ich lange sparen. Savannah und ich hatten im Central Park ein denkwürdiges Gespräch. Sadie und ich hielten uns an den Händen, während wir auf der Eislaufbahn im

Rockefeller Center Schlittschuh liefen. Sam und ich gingen zu einem Baseball-Spiel ins Stadion der *New York Yankees,* und wir beide fingen beim Wettkampf der besten Spieler einen Ball. Meine Kinder und ich sind uns einig, dass diese Erinnerungen unbezahlbar und jeden ausgegebenen Cent wert sind.

Aber Sie brauchen keine Schulden zu machen, um Ihren Kindern schöne Erinnerungen zu schenken. Vielleicht können Sie eine neue Tradition einführen, ein alljährliches Ereignis um einen Feiertag herum. Das kann eine spontane Überraschung sein, ein Spiele- oder Filmabend, ein Ausflug zu einem spektakulären Weihnachtsbaum, eine Floßfahrt auf einem Fluss oder ein Grillfest an einem Feiertag. Schöne Erinnerungen müssen nicht viel kosten. Es muss Ihnen nur wichtig sein, Ihren Kindern solche Erinnerungen zu schenken.

Kleinigkeiten können bei jedem Sohn oder jeder Tochter eine große Wirkung haben. Als unsere Kinder klein waren, ging ich alle sechs Wochen mit jedem von ihnen in ein Restaurant ihrer Wahl essen. Dieser besondere Ort war ein großes Geheimnis, das sie ihren Geschwistern nicht verrieten.

Als meine Tochter Sadie neun Jahre alt war, war ein Restaurant der Kette *Applebee's* ihr geheimer Ort. Am liebsten aß sie den Kinderteller mit gegrillten Rippchen. Als Sadie und ich einmal nach unseren gemeinsamen

Essen nach Hause kamen, verwickelte der damals sechsjährige Sam seine Schwester in ein vertrauliches Gespräch, bei dem sie ihre Köpfe zusammensteckten. Plötzlich rief er: „Sadie, du warst bei *Applebee's* zum Essen." Wie Simon Petrus leugnete sie es drei Mal. Sam war aber nicht überzeugt. Er kam zu mir und flüsterte mir zu: „Papa, sie riecht aber nach *Applebee's*."

Erwischt!

Schenken Sie jedem Ihrer Kinder schöne Erinnerungen. Viele Jahre später werden sie sich nicht mehr daran erinnern, was Sie dafür ausgegeben haben, aber sie werden noch immer wissen, was Sie für sie getan haben.

Geschenk Nr. 4: Geben Sie im Glauben die Richtung vor

Ein Vater ist ohne Frage der entscheidende Einflussgeber, wenn es um den Glauben seiner Kinder geht. Die Statistiken aus drei großen Studien der letzten Jahre sprechen eine eindeutige Sprache: Wenn der Vater sich in einer christlichen Gemeinde engagiert und im Glauben wächst, ist die Wahrscheinlichkeit sehr groß, dass sein Kind ihm auf diesem Weg folgt. Wenn nur die Mutter zusammen mit ihren Kindern eine christliche Gemeinde besucht, sinken diese Chancen rapide.

Zahlen lügen nicht.

> *Wenn ein Kind in einem Haushalt die erste Person ist, die zum christlichen Glauben findet, dann liegt die Wahrscheinlichkeit, dass alle anderen Personen in diesem*

Haushalt ebenfalls gläubig werden, bei 3,5 Prozent. Wenn die Mutter als Erste zum christlichen Glauben findet, steigt die Wahrscheinlichkeit, dass alle anderen ihrem Beispiel folgen, auf 17 Prozent. Aber wenn der Vater als Erster zum christlichen Glauben findet, liegt die Wahrscheinlichkeit, dass alle anderen im Haushalt seinem Beispiel folgen, bei 93 Prozent.[23]

Erstaunt Sie das? Spüren Sie einen Kloß im Hals, wenn Sie erkennen, wie wichtig Ihre Rolle im Glaubensleben Ihrer Familie ist?

Liebe Männer, der Weg Ihrer Kinder zu Gott führt auf gerader Linie durch Sie hindurch. Wenn Sie beim Wort „Gebet" die Augen verdrehen, werden Ihre Kinder Ihrem Beispiel folgen. Wenn Sie jedoch die Augen schließen und im Gebet deutlich machen, wie sehr Sie von Gottes Kraft und Gnade abhängig sind, werden Ihre Kinder eher bereit sein, das Gebet in ihr eigenes Leben mit einzubeziehen.

Lesen Sie regelmäßig im Wort Gottes. Teilen Sie Ihren Kindern mit, was Sie von Gott lernen.

Engagieren Sie sich in einer christlichen Gemeinde. Stärken Sie Ihrer Frau den Rücken. Sprechen Sie mit Gott und bitten Sie ihn um Weisheit bei der Erziehung Ihrer Kinder.

Tammys Mutter besuchte einen Bibelkreis, der sonntags noch vor dem Gottesdienst stattfand, und ihre Kinder begleiteten sie regelmäßig. Tammys Vater wartete draußen im Auto, bis der Gottesdienst anfing. Eines Tages beklagten sich die Kinder: „Papa muss nicht mit in den Bibelkreis. Warum müssen wir dann hin?“

„Mein Vater hörte zufällig unser Gespräch“, erzählte Tammy. „Von da an ging er mit in den Bibelkreis. Das war vor 35 Jahren, und soweit ich weiß, hat er seitdem nicht einmal gefehlt.“

Kinderaugen sehen alles. Kinderohren hören alles. Albert Schweitzer sagte: „Ein gutes Vorbild ist nicht das Wichtigste, wenn man andere Menschen beeinflussen will, sondern das Einzige.“[24]

Wenn Sie etwas Echtes bewirken wollen, müssen Sie selbst echt sein.

Geschenk Nr. 5:
Fördern Sie Ihre Kinder

Ihre Kinder müssen wissen, dass Sie da sind, wenn es darauf ankommt. Wir alle sind sehr beschäftigt und haben eine Vielzahl von Verpflichtungen, aber wenn Ihr Sohn oder Ihre Tochter auf der Bühne, auf dem Tennisplatz oder auf dem Spielfeld steht, ist der flüchtige Blick, den er oder sie in die Menge der Zuschauer wirft, eine unterschwellige Suche nach Wertschätzung. Ihre Abwesenheit dämpft die Freude Ihrer Kinder. Ihre Anwesenheit vermittelt ihnen die klare Botschaft, dass sie einen Wert haben. Mit dem feinen Gehör eines Klavierstimmers hören sie Ihre Stimme aus der Menschenmenge heraus.

John Eldrege drückt es so aus: „Ihr Sohn oder Ihre Tochter will und muss in jedem Alter diese Worte von Ihnen hören: ‚Du hast das Zeug dazu ... Du bist es wert, dass man um dich kämpft.'"[25]

Ihre positiven Bemerkungen und Ihre positive Einstellung wirken prägend auf das Selbstwertgefühl Ihrer Kinder. Sparen Sie nicht mit aufmunternden Worten. Lassen Sie Ihre Kinder wissen, dass Sie stolz auf sie sind. Lassen Sie Ihre Tochter wissen, dass Sie sie für schön und klug, talentiert und tüchtig halten. Wenn Ihr Sohn eine Sache gut gemacht hat, dann loben Sie ihn vor anderen Leuten.

Väter spielen eine Schlüsselrolle bei der Entscheidung ihrer Kinder, sich aus ihrer Komfortzone herauszutrauen oder ängstlich im Ist-Zustand zu verharren. Ihre aufrichtig gemeinte Bestätigung gibt ihnen ein Sicherheitsnetz, damit sie Risiken eingehen und ihr Selbstvertrauen stärken können.

Geschenk Nr. 6:
Investieren Sie Zeit

In dieser hektischen Welt ist Zeit zum wertvollsten Gut geworden. Aber nicht nur Zeit ist wichtig, sondern bewusst investierte Zeit. Zeit, in der Sie voll da sind. Manchmal bin ich mit meiner Familie zusammen, aber in Gedanken bin ich völlig woanders. Später sagt meine Frau zu mir: „Na ja, Dave, du warst zwar da, aber nicht voll da." Und obwohl ich es nur ungern zugebe, weiß ich, dass sie recht hat.

Wir sollten übertriebene Betriebsamkeit nicht mehr als einen besonderen Verdienst betrachten. Wir sind vielleicht

„wichtige" Leute und haben „Wichtiges" zu tun, aber für unsere Familien ist das Endergebnis immer das gleiche. Sie bekommen nämlich das, worüber wir Männer uns gerne beklagen: die kümmerlichen Reste.

In meinem Leben gab es eine Zeit, zu der meine berufliche Leistung mehr Bedeutung für mich hatte als meine Frau und meine kleinen Kinder. Wie jeder andere Beruf kann der Dienst als Pastor Sie förmlich auffressen, wenn Sie es zulassen. Wie ein besessener Workaholic arbeitete ich 60 Stunden pro Woche. Mein selbst auferlegtes Streben, für meine Familie zu sorgen, führte dazu, dass ich sie vernachlässigte.

Wie mein Freund Ron war ich nicht mehr mit auf dem Familienbild.

An einem Sonntagmorgen änderte sich alles. Vor meiner Predigt sang eine Solistin ein Lied, dessen Refrain lautete:

Mach langsamer, Papa, arbeite nicht so hart.
Wir sind stolz auf unser Haus, unser Garten ist groß genug.
Mach langsamer, Papa, wir wollen, dass du da bist.
Papa, bitte mach langsamer.[26]

Als das Lied zu Ende war, ging ich auf die Kanzel, um zu predigen. Ich machte den Mund auf, aber es kamen keine Worte heraus. Ich war sprachlos, weil ich so erschüttert und voller Schuldgefühle war. Die Gemeinde musste noch ein Lied singen, damit ich Zeit hatte, die Fassung wiederzuerlangen.

Linda Brandon, die Leiterin der Kinderarbeit in unserer Gemeinde, war zusammen mit ihrem kleinen Sohn in diesem Gottesdienst. Er drehte sich zu ihr um und fragte: „Mami, warum weint Mr Stone?"

Linda erwiderte geradeheraus: „Wenn der Heilige Geist einem Sünde in seinem Leben zeigt, dann muss man manchmal weinen."

Autsch!

Heute kann ich darüber lachen. Aber wissen Sie was? Linda hatte vollkommen recht! Gott benutzte die Worte des Liedes als Weckruf an mich. Mit seiner Hilfe änderte ich mich. Ich setzte meine Familie wieder ganz nach oben auf meiner Prioritätenliste. Seitdem bin ich wieder mit auf dem Familienbild, manchmal ein bisschen verwackelt und unscharf, aber ich bin da. Und ich habe auch vor, im Bild zu bleiben. Für immer.

Liebe Väter, nur Mut. Sie können das. Sie können das wirklich ... aber nicht aus eigener Kraft. Bringen Sie den Herrn und Ihre Frau mit in die Gleichung. Von diesem Augenblick an kann alles anders werden. Es kann *besser* werden. Überprüfen Sie Ihre Prioritäten. Sie schaffen es, wenn Sie es wirklich wollen

Machen Sie langsamer. Stellen Sie sich der Herausforderung.

Sehen Sie zu, dass Sie mit aufs Bild kommen.

Wenn Sie nach vielen Jahren zurückblicken, dann werden Sie und Ihre Familie froh sein, dass Sie diesen Schritt gewagt haben.

8

Gemeinsam getragene Last ist leichter

Herman Ostry, ein Farmer in Bruno, Nebraska, kaufte ein Stück Land, auf dem eine Scheune stand. Kurz nach dem Kauf trat ein nahe gelegenes Flüsschen über die Ufer. In Ostrys Scheune stand das Wasser etwa 70 Zentimeter hoch. Halb im Spaß sagte er zu seiner Familie: „Wenn wir genug Leute hätten, könnten wir diese Scheune hochheben und sie an eine höher gelegene Stelle tragen."

Dieser Scherz wurde zu einer Herausforderung. Ostrys Sohn Mike, ein Ingenieur, begann mit Berechnungen. Er entwarf ein Gitter aus Stahlrohren, um das Innere der Scheune zu stabilisieren. Er rechnete aus, dass die Scheune und das Stahlgitter zusammen etwa neun Tonnen wiegen mussten. Wenn jeder Helfer etwa 25 Kilo heben würde, bräuchte man 344 Leute, um die Scheune an eine höher gelegene Stelle zu tragen. Nun musste er nur noch 344 Leute finden, die ihn nicht für verrückt hielten.

Am 30. Juli 1988, dem Tag, an dem Brunos Stadt ihre Hundert-Jahr-Feier beging, versammelten sich 344 Leute um die Scheune der Ostrys. Vor Tausenden von Zuschauern begann Herman zu zählen: „Eins, zwei, drei ..." Die Scheune hob sich von ihrem Fundament. Unter dem Jubel der Menschenmenge trugen die Helfer das etwa neun Tonnen schwere Gebäude in nur drei Minuten auf eine 50 Meter weiter gelegene Anhöhe.[27]

Wie sie es geschafft haben? Alle hatten ein gemeinsames Ziel. Die Last war gleichmäßig verteilt. Niemand spielte sich als Superstar auf. Als Team bewegten sich alle in die gleiche Richtung. Und gemeinsam machten sie das Unmögliche möglich. Als Eltern stehen wir vor einer scheinbar unmöglichen Aufgabe, wenn wir wollen, dass unsere Kinder glauben lernen und die Fallgruben dieser Welt meiden. Warum sollten wir uns also diese Last nicht leichter machen und weitere Lastenträger heranziehen, die uns mit ihrem positiven Einfluss helfen, das Gewicht zu stemmen? Je mehr Helfer Sie finden, desto größer ist Ihre Chance, das Ziel zu erreichen.

Die Last mit der Kindererziehung

Ob Sie es wollen oder nicht, es wird eine Zeit kommen, in der Ihre Kinder Sie nicht mehr „cool" finden. Das kleine Mädchen, das voller Stolz Papas Hand hielt, wird zum Teenager und findet es peinlich, an einem Freitagabend mit ihrem Vater zusammen im Kino gesehen zu werden. Der schnuckelige Achtjährige, der seiner Mutter einen Kuss gibt und zu ihr sagt: „Ich hab dich lieb", fragt sich plötzlich, ob er sie überhaupt noch mag. Diese Entwicklungsschritte tun weh. Aber wenn wir ehrlich sind, müssen wir zugeben, dass wir manchmal ähnlich empfinden wie unsere Kinder. Unser kleiner Wonneproppen kann sich fast über Nacht in eine Nervensäge verwandeln. Und dann fragen Sie sich: Was habe ich bloß falsch gemacht? Und wie löse ich dieses Problem – und zwar schnell?

Mark Twain soll zu diesem Thema gesagt haben: „Wenn Ihr Kind 13 wird, stecken Sie es in ein Fass, legen einen Deckel darauf und ernähren es durch das Spundloch. Wenn Ihr Kind 16 wird, versiegeln Sie das Spundloch!“

Vielleicht stammen diese Worte auch nicht von Mark Twain, obwohl kein Elternpaar sich erinnern kann, seine Kinder nach der achten Klasse noch wirklich zu Gesicht bekommen zu haben. Aber diese Worte enthalten ein Körnchen Wahrheit, vor allem dann, wenn Sie noch ganz neu in der Elternrolle sind ...

Seien Sie jetzt schon vorgewarnt, denn die „Scheune“ wird schwerer. Nicht umsonst lautet ein altes jiddisches Sprichwort: „Kleine Kinder, kleine Freuden; große Kinder, große Sorgen.“[28]

Die Last der Kindererziehung wird mit den Jahren immer größer. Sie glauben es vielleicht nicht, wenn Ihre Kinder noch klein und niedlich sind, aber vertrauen Sie mir: Es wird eine Zeit kommen, zu der Ihre Kinder die Meinung vertreten, Sie hätten ihnen nichts Vernünftiges mehr zu sagen. Aber jetzt kommt die gute Nachricht: Ihre Kinder hören vielleicht anderen Leuten zu, die dieselben Werte vertreten wie Sie. Halten Sie deshalb Ausschau nach Menschen, die Ihren Kindern nahelegen können, wie wichtig es ist, kluge, gottgemäße Entscheidungen zu treffen. Es kann eine willkommene Erleichterung sein, wenn Sie Helfer in Ihrer Nähe wissen, Menschen, die bereit sind, mit anzupacken. Ihre Hilfe ermöglicht es Ihnen, einmal durchzuatmen.

Und in der Zwischenzeit können Sie vielleicht einen ähnlich positiven Einfluss auf das Leben von Kindern anderer Eltern ausüben. Sind Sie mit Ihrem Wagen zum Hol- und Bringdienst für die Kinder in der Nachbarschaft geworden? Sind Sie Trainer einer Fußball- oder Softball-Mannschaft? Ist Ihre Küche ein Treffpunkt für Kinder, die nach der Schule ein bisschen herumhängen wollen? Packen Sie diese Gelegenheiten beim Schopf! Nutzen Sie solche Augenblicke des Zusammenseins und werden Sie zum klugen Beeinflusser im Leben dieser jungen Menschen. Geben Sie anderen Kindern, was Sie zu bieten haben, und vertrauen Sie dem Herrn, dass er Ihre Kinder ebenfalls mit Menschen zusammenbringt, die einen positiven Einfluss auf sie ausüben.

Als unser Sohn Sam in die Mittelstufe kam, leiteten wir bei uns zu Hause einen wöchentlichen Bibelkreis für etwa 30 College-Studenten. Während dieser Zeit entschlossen wir uns, dass unser Sohn nicht am Jugendprogramm in der Gemeinde teilnehmen, sondern zu Hause bleiben sollte. Es war eine prägende Zeit in Sams Leben. Während der Bibelstunden konnte er die Bekanntschaft von bemerkenswerten Leitfiguren des christlichen Glaubens machen. Wir fanden heraus, dass es für das Selbstbewusstsein eines Jugendlichen Wunder wirkt, wenn College-Studenten und junge Erwachsene Interesse an seinem Alltagsleben zeigen. Sam wurde das Gefühl vermittelt, etwas Besonderes zu sein. Er konnte erkennen, wer er war und was aus ihm werden könnte.

Weil die Studenten bis zum späten Abend blieben und Sam früher schlafen gehen musste, bat ich an so manchem Mittwochabend einen der Studenten, Sam in sein Zimmer zu bringen und mit meinem Sohn zusammen zu beten. Dieses gemeinsame Gebet war eine gute Übung für die Zukunft, wenn sie einmal eigene Kinder haben würden. Außerdem vertiefte sich dadurch Sams Verbindung zu den jungen Männern, zu denen er aufblickte.

Eines Abends schickte ich Chris Burke nach oben. Ein paar Minuten später kam Chris wieder herunter. „Also, ich habe mich gerade ganz schön blamiert", gestand er uns. „Ich habe Sam gefragt: ‚Was genau macht ihr, wenn ihr betet?' Sam lag im Bett, sah zu mir hoch und antwortete dann ganz sachlich: ‚Also wirklich, Chris. Wir reden mit Gott.'"

Chris wurde rot. „Dave, ich wollte ihn eigentlich fragen: ‚Welche Form des Gebets habt ihr in der Familie?'"

„Sicher wolltest du das", erwiderte ich.

Natürlich zogen wir ihn immer wieder damit auf.

Leitfiguren des Glaubens können Nachbarn sein oder Verwandte, Trainer oder Lehrer, Babysitter oder Großeltern. Wichtig ist nur, dass diese Menschen Ihre Hingabe zu unserem Herrn Jesus Christus teilen und eine positive Einstellung haben. Diese Leitfiguren sollten die Einzigartigkeit Ihrer Kinder zu schätzen wissen, ihr Potential erkennen und bereit sein, ihnen zu helfen, damit sie im Glauben wachsen.

Großeltern

Ich werde oft gefragt: „Warum ist es für Großeltern und Enkelkinder so natürlich, dass sie gut miteinander klarkommen?" Auf diese Frage gebe ich immer die gleiche Antwort: „Das ist ganz einfach! Sie haben einen gemeinsamen Feind!"

Aber Spaß beiseite: Die Rolle der Großeltern als Leitfiguren des Glaubens wird häufig unterschätzt. Großeltern haben ein persönliches Interesse daran, dass der gute Name und Ruf der Familie weitergeführt wird. In den meisten Fällen sind sie bereit, viel Zeit zu opfern, um einen positiven Einfluss auf Ihre Kinder auszuüben. Und in der Regel machen sie das gern. Mit ein wenig Unterstützung können sie zu Lehrern werden für Ihre noch kleinen Kinder oder zu kritischen Gesprächspartnern, wenn Ihre Kinder im Teenageralter sind.

Wenn ich mit Leuten spreche, die neu in unserer Gemeinde sind, bitte ich sie oft, mir etwas von ihren ersten Erinnerungen an ihr Leben in einer christlichen Gemeinde zu erzählen. Sehr häufig höre ich dann, dass ein Opa oder eine Oma sie mit zum Gottesdienst nahm.

Wenn Ihre Eltern Ihren Glauben, Ihre Werte und Ziele teilen, dann haben Sie in ihnen wertvolle Helfer, die mit Ihnen gemeinsam die Last der Kindererziehung tragen. Eines Ihrer Kinder wird auf seine Großeltern hören, auch dann, wenn es so scheint, als ob Sie ihnen nichts mehr zu sagen hätten.

Babysitter

Ein Babysitter ist ein weiterer prägender Einfluss im Leben Ihrer Kinder. Die Leute, die Sie engagieren, um auf Ihre Kinder aufzupassen, wenn Sie nicht da sein können, sind mehr als nur Betreuungskräfte. Sie sind Leitfiguren, sowohl im Glauben als auch im gesellschaftlichen Leben. Sie können unterstützend wirken, wenn Sie Ihren Kindern bestimmte Werte oder Gewohnheiten beibringen wollen, und sie können auch verdeutlichen, wie ein Christ im Leben bestimmte Situationen meistert wie zum Beispiel das Erwachsenwerden, die Partnersuche und die Beziehung zu einem Mann oder einer Frau.

Einmal im Jahr machen Beth und ich eine längere Reise. Für diesen Zeitraum suchen wir immer eine unverheiratete junge Frau oder ein sympathisches junges Paar, Menschen, die Leitfiguren eines echten, authentischen Glaubens sind und die bereit sind, bei uns zu übernachten und auf unsere Kinder aufzupassen. Wir möchten unseren Kindern damit zeigen, dass diese Art von Engagement normal und machbar ist.

Als ich ein Kind war, baten meine Eltern unsere Lieblingsjugendleiter aus der Gemeinde, auf uns aufzupassen. Mein Bruder und ich hielten unsere Eltern natürlich nicht für cool, aber in den Jahren als Schüler der Mittelstufe genügten Tom und Linda Wicks unseren Ansprüchen. Manche meiner schönsten Erinnerungen aus dieser Zeit sind mit Tom und Linda verknüpft. Ich denke noch heute gern an manchen Ausflug in die Pizzeria oder daran, wie ich ihnen im Garten voller Stolz meine selbst gebaute Hochsprunganlage zeigte oder wie wir zusammen Popcorn machten.

Zeig mir deine Freunde

Vor Jahren sagte Todd Clark, der Jugendleiter unserer Gemeinde, zu unseren Jugendlichen: „Zeigt mir eure Freunde und ich zeige euch eure Zukunft." Diese Worte können große Erleichterung oder auch Furcht und Zittern mit sich bringen, aber eins ist klar: Sie sind wahr. Der Apostel Paulus hat eine ähnliche Warnung geäußert: „Schlechter Umgang verdirbt auch den besten Charakter" (1. Korinther 15,33; NGÜ).

Die Freundschaften Ihrer Kinder sind entscheidend für den Weg, den sie in ihrem Glauben einschlagen. Wenn ich für meine Kinder nur ein einziges Gebetsanliegen frei hätte, dann würde ich Gott nicht um Intelligenz oder Schönheit oder Sportbegeisterung bitten, auch nicht um ein leichtes Leben, eine gute Ausbildung oder einen lukrativen Beruf. Ich würde noch nicht einmal für ihren künftigen Ehepartner oder für ihre Kinder beten. Wenn ich nur ein einziges Gebetsanliegen frei hätte, dann würde ich Gott bitten, dass er meinen Kindern Freunde schenkt, die unseren Herrn Jesus Christus lieben.

Wenn Ihre Kinder noch klein sind, sollten Sie Einfluss auf die Wahl ihrer engsten Freunde nehmen. Sie sollten Ihren Kindern helfen bei der Entscheidung, wer ihre Spielgefährten und Kumpels sein sollen. Wenn Sie früh genug damit anfangen, lernen sie, sich ihre Freunde sorgfältig auszusuchen, wenn sie älter werden.

Spielen Sie Ihre Trümpfe richtig aus, denn dann haben Sie auch ein Mitspracherecht in der Frage, an wem sich Ihre Kinder orientieren wollen. Bringen Sie Ihre Kinder in ein Umfeld mit älteren Kindern, die für sie Vorbilder im Glauben werden können. Obwohl Ihre Kinder Ihnen vielleicht zuhören, brauchen sie auch andere Leitfiguren, die sie sehen können, um von ihnen zu lernen.

Sie brauchen bloß dafür zu sorgen, dass Ihre Kinder in die richtige Richtung sehen.

Im Sommer meines zweiten Studienjahres arbeitete ich eine Woche lang als freiwilliger Helfer in einem christlichen Ferienlager. Zu den Teilnehmern gehörte Charlie, ein Schüler, der bei allen sehr beliebt war. Am Donnerstagabend hielten wir einen Gottesdienst am Lagerfeuer. Nach der Predigt wollten wir schon aufbrechen, als Charlie plötzlich aufstand und anfing zu weinen.

„Ich spüre, wie Gott mich auffordert, mein Leben zu ändern", sagte er. Er griff in die Hosentasche und zog einen mit Marihuana gefüllten Beutel heraus. „Ich bin mit falschen Motiven in dieses Ferienlager gekommen. Aber jetzt will ich mein Leben Jesus Christus geben." Dann warf er das Rauschgift ins Lagerfeuer.

Denken Sie jetzt, was ich denke?

Ich kann dazu bloß sagen, dass man in der Bibelschule auf so etwas nicht vorbereitet wird. Wir schickten die anderen Jugendlichen sofort in die Zelte. Ein paar Leute aus dem Leitungsteam meinten, diese Woche sei im wahrsten Sinne des Wortes verraucht.

Aber ich empfand das, was da geschehen war, eher als Glaubenskick!

(Wenn Sie sich jetzt fragen, woher diese seltsame Wortwahl kommt, dann kann ich Sie beruhigen. Der Geruch von Marihuana versetzt Sie nicht in einen Rauschzustand, auch wenn Sie sich noch so sehr anstrengen.)

Charlies erneute Hinwendung zu Jesus Christus war die erste von vielen weiteren in jener Woche. Die Eltern des Jungen hatten ihn in ein Umfeld versetzt, in dem er ältere, positive Leitfiguren des Glaubens erleben und biblische Wahrheiten hören konnte. Und wie viele andere Teilnehmer des Ferienlagers fand Charlie heraus, dass Gott sich darauf spezialisiert hat, Menschen eine zweite Chance zu geben.

Im Zeltlager hatte er Kontakt zu anderen Jugendlichen und Erwachsenen. Neue Freunde halfen ihm auch auf dem Weg in eine neue Zukunft.

Der einflussreichste Beeinflusser

Im Laufe unserer Elternlaufbahn hat Gott unseren Kindern immer wieder hervorragende Leitfiguren des Glaubens an die Seite gestellt – nicht etwa, weil wir etwas Besonderes sind, sondern weil wir bewusst darauf geachtet haben. Wenn wir neuen Leuten begegnet sind, haben wir die Fühler ausgestreckt nach potenziellen Leitfiguren des Glaubens, nach Menschen, die auf unsere Kinder eine positive Wirkung haben könnten. Wir wollten so viele entschiedene Christen wie möglich in unser Leben mit einbeziehen, damit unsere Kinder von solchen Menschen umgeben waren. Wir hielten ständig Ausschau nach Familienmitgliedern und Freunden, die unsere Kinder beeinflussen und uns darin unterstüzen konnten, ihnen den Glauben und die Liebe zu Gott zu vermitteln. Ob es nun die Babysitterin Erica war oder der sportbegeisterte Chris – unsere Kinder lernten von diesen Leitfiguren Vertrauen und Glauben. Weil diese besonderen Menschen für unsere Kinder Zeit investiert haben, sind deren Aussichten für die Zukunft besser geworden.

Aber jetzt kommt der springende Punkt: Es lag nicht an unserem Bemühen, dass im Leben unserer Kinder so viel bewirkt wurde, sondern am Wirken Gottes.

Machen Sie sich auf den Weg. Verstärken Sie die Wände der Scheune. Umgeben Sie Ihre Kinder mit Menschen, die bereit sind, Ihre Last zu teilen und mitzutragen. Bringen Sie andere Menschen mit Ihren Kindern zusammen – ältere Kinder, Babysitter, Jugendleiter, Trainer, Lehrer, Seelsorger, Großeltern, Menschen, die Ihren Kindern eine andere Stimme und eine gottgemäße Sichtweise bieten. Seien Sie dankbar für solche „Beeinflusser", die Gott als seine Werkzeuge gebraucht, damit der Glaube auch die nächste Generation erreicht.

Aber vergessen Sie nicht, dem einflussreichsten Beeinflusser zu danken.

Denn letzten Endes haben wir Gott alles zu verdanken. Wenn unsere Kinder zu Hause glauben lernen, liegt das nicht an unseren außergewöhnlichen Erziehungsmethoden oder an der langen Reihe von Freunden, Verwandten und Mentoren, sondern daran, dass der Geist Gottes unsere Kinder wie ein Kompass in die richtige Richtung weist. Es ist Gott allein, der unsere Kinder zu sich zieht.

Wenn wir es aus eigener Kraft schaffen wollen, werden wir nicht weit kommen.

Gemeinsam mit anderen haben wir eine kleine Chance.

Aber bei Gott ist alles möglich ... ob Sie eine Scheune hochheben oder ein Kind großziehen wollen.

9

Wie aus dem Gesicht geschnitten

„Dave, was meinst du? Wem sieht dieses Baby ähnlich?"

Auf diese Frage folgt stets eine peinliche Stille. Sie könnten diese Pause auch als bedeutungsschwanger bezeichnen.

Also, ich habe ein paar Talente. Ich bin ganz gut in Tischtennis und Golf und ich kann zwei Minuten lang einen Kopfstand halten. Aber wenn ich auf der Entbindungsstation auftauche, dann fragen Sie mich bloß nicht, wem das Baby denn ähnlich sieht. Gott hat mir nicht die Gabe geschenkt, in menschlichen Gesichtzügen zu lesen.

Natürlich könnten Sie jetzt mit dem Argument kommen, dass ich statistisch gesehen eine Chance von 50 Prozent habe, mit meiner Meinung richtigzuliegen. Aber das entspricht nicht meinen Erfahrungswerten. Wenn ich sage: „Er sieht aus wie seine Mutter", dann

lachen alle im Raum, und meine Frau ergänzt rasch: „Schau noch mal genauer hin. Er hat das Kinn von seinem Vater."

In diesem Augenblick denke ich bloß: *Das stimmt doch gar nicht. Sein Vater Steve hat einen Spitzbart.*

Das sollte als Beweis für meine Unwissenheit genügen.

Eins weiß ich trotz allem. Winston Churchill hatte recht, als er sagte: „Alle Babys sehen aus wie ich."

Aber dieser Zustand hält nicht lange an. Die Zeit vergeht, der kleine Jackson durchläuft seinen Wachstumsprozess, sein Körper bekommt schließlich die endgültige Form und Jahre später sieht die Sache ganz anders aus. Er geht durch den Raum, wendet sich an seinen Freund und lächelt, und plötzlich ist alles da: die Augen, das Lächeln, das Kinn. Er ist das Ebenbild seines Vaters.

Das Ebenbild des himmlischen Vaters

Das englische Wort für Ebenbild ist seltsam zusammengesetzt. Manche Quellen führen den umgangssprachlichen Ausdruck „spittin' image" auf die Ähnlichkeit mit den inneren Eigenschaften der Eltern („spit") und mit der äußeren Erscheinung („image") zurück. Andere wieder meinen, der Begriff sei eine Verballhornung der beiden Wörter „Geist" und „Bild" („spirit" und „image"), denn ein Kind sei ja „Geist und Bild" von Vater oder

Mutter. So oder so ist es ein Ziel unseres Glaubens, für das sich die Mühe lohnt, wenn wir die Eigenschaften unseres himmlischen Vaters widerspiegeln und diese Mischung aus „Geist und Bild" an unsere Kinder weitergeben.

Aber hier stellt sich die Frage: Wie stark ähneln Sie Ihrem himmlischen Vater? Ist diese Ähnlichkeit erkennbar für die Menschen in Ihrem Umfeld? Als Elternteil haben Sie eine besondere Position und ein Privileg, denn Sie prägen die Sicht, die Ihr Kind von Gott hat. Zeigt sich in Ihrem Leben nicht der Charakter des Herrn, dem Sie angeblich nachfolgen, dann sollten Sie nicht Haus und Hof darauf verwetten, dass Ihre Kinder den Weg mit Gott gehen werden. Aber wenn in Ihnen das Ebenbild Gottes sichtbar ist, dann fällt es Ihren Kindern leichter, Ihnen auf dem Weg des Glaubens zu folgen.

Wer großzügig ist, lernt Selbstlosigkeit

Wir haben von Geburt an die Sünde in uns, und die Welt um uns herum lehrt uns, nur an uns selbst zu denken. Wenn Sie das nicht glauben können, dann setzen Sie einmal Ihr zweijähriges Töchterchen in eine Gruppe von Gleichaltrigen, und fordern Ihren kleinen Engel auf, ihr Spielzeug mit den anderen zu teilen. Schon bald hören Sie aus dem niedlichen kleinen Mündchen den vertrauten Schlachtruf: „Meins! Meins, meins, MEINS!"

Aber was wäre denn, wenn Sie Ihren Kindern etwas anderes vorleben und sie deshalb ihre Sachen mit anderen teilen oder gar verschenken würden?

Das biblische Prinzip ist klar und deutlich. Gott gefällt ein Opfer in Form von Gerechtigkeit und Großzügigkeit:

> *Besteht es nicht darin, dein Brot dem Hungrigen zu brechen und dass du heimatlose Elende ins Haus führst? Wenn du einen Nackten siehst, dass du ihn bedeckst und dass du dich deinem Nächsten nicht entziehst?*
>
> Jesaja 58,7

In Apostelgeschichte 20,35 erwähnt Paulus, dass Jesus gesagt hat: „Auf dem Geben liegt mehr Segen als auf dem Nehmen" (NeÜ). Und wir haben viel zu geben. Im weltweiten Vergleich sind wir reiche Leute. Wir können diesen Reichtum horten oder wir können großzügig damit umgehen. Wofür auch immer wir uns entscheiden, unsere Kinder werden unserem Beispiel folgen.

Vor Jahren begründeten Beth und ich während unserer Familienurlaube eine Tradition. Wir nahmen uns vor, jeden Tag eine bestimmte Geldsumme auf die Seite zu legen, um diesen Betrag anderen Menschen zu schenken, um sie auf diese Weise zu ermutigen. Wir baten Gott, uns jemanden über den Weg zu schicken, einen Menschen, der eine Geste der Hoffnung brauchte, eine Aufmunterung oder schlicht und einfach Geld. Manchmal mussten wir den Empfänger unserer Spende erst davon überzeugen, dass damit keine weiteren Verpflichtungen verbunden waren.

Wir begannen mit dieser Familientradition in einer Zeit, als wir selbst nicht viel hatten. Fünf oder zehn Dollar – das war der Betrag, den wir normalerweise für Eiscreme ausgegeben hätten. Aber auch als unsere Kinder noch sehr klein

waren, verstanden sie, dass sie mit ihrem Verzicht auf Eiscreme vielleicht jemandem halfen, sich seine erste Mahlzeit in der Woche zu kaufen. Die spontanen Umarmungen, die ihre Geldgeschenke auslösten, oder die Freudentränen, die sie bei den Empfängern der Geldgeschenke beobachten konnten, machten ihnen Mut, diese Großzügigkeit auch anderen Menschen gegenüber zu üben. Sie lernten, dass es Freude macht, wenn man großzügig ist.

Johannes 3,16 beginnt mit diesen einfachen Worten: „Denn so hat Gott die Welt geliebt, dass er ... *gab* ...“ (Hervorhebung vom Autor). Großzügigkeit zeigt Ihren Kindern, wie sie sich von den Dingen dieser Welt frei machen können. Mit dieser Einstellung schwimmt man in unserer Kultur gegen den Strom. Aber unser Ziel sollte nicht sein, mehr zu haben, sondern unser Ziel sollte sein, mehr zu geben. Großzügigkeit ist auch ein guter Nährboden, um unseren Blick auf andere Menschen statt auf uns selbst zu lenken. Wenn unsere Kinder lernen, dass auf dem Geben mehr Segen liegt als auf dem Nehmen, dann erleben sie auch den positiven „Kick“ des Gebens.

Je mehr wir zu Ebenbildern Gottes werden, desto weniger gleichen wir der Welt um uns herum. Und wir sehen Gott am ähnlichsten, wenn wir geben.

Wer anwesend und ansprechbar ist, erleichtert die Kommunikation

Beziehungen können ohne eine enge Verbindung nicht wachsen und gedeihen. Jesus wusste das, aber seine Jünger hatten da etwas durcheinandergebracht – wieder einmal. In Matthäus 19 verhalten sich die Jünger wie Geheimagenten und wollen Kinder nicht zu Jesus lassen. Dieser weist seine Freunde liebevoll zurecht und sagt zu ihnen: „Lasst die Kinder zu mir kommen ... Denn gerade für solche wie sie ist das Himmelreich" (Vers 14; NGÜ).

Nehmen Sie sich Zeit für Ihre Kinder. Seien Sie für sie da und ansprechbar, so wie Gott auch für Sie da und ansprechbar ist.

Ich bin als Kind eines Predigers aufgewachsen. Mein Vater hatte einen vollen Terminplan, aber er nahm sich immer Zeit für die Familie. Eines Tages wurde mein Vater vom Pastor einer großen, bekannten Gemeinde angerufen. Als ich das Telefonat vom Nebenzimmer aus mithörte, bekam ich mit, dass mein Vater eingeladen wurde, in dieser Gemeinde zu sprechen. Seine Begeisterung war deutlich zu hören. „Am 3. Februar? Sehr gern, aber lassen Sie mich zuerst einen Blick in meinen Terminkalender werfen."

Er hüpfte förmlich die Treppe hoch, um seinen Kalender zu holen. Währenddessen wurde mir das Herz schwer. Am dritten Februar war abends eine Schulaufführung, in der ich eine bedeutende Rolle spielen sollte.

Mein Vater ging zum Telefon zurück. Ich hörte, wie er die Seiten seines Terminkalenders umblätterte. Schließlich sagte er: „Am 3. Februar? Nein, tut mir leid, aber an diesem Abend habe ich bereits eine andere Verpflichtung. Vielleicht klappt es ja ein anderes Mal."

Ohne mir ein einziges Wort zu sagen zeigte er mir, dass er für mich da war, dass er mich liebte und mich unterstützte. Ich war seine andere Verpflichtung und kein noch so verlockendes Angebot konnte ihn von einem Termin mit seinem Sohn abhalten.

In dieser Bereitschaft, für mich da zu sein, erkannte ich das Wesen Gottes.

Wer aufrichtig bereut, erfährt Vergebung

Gott, der Vater, ist darauf spezialisiert, unsere Fehler zu tilgen. Das entspricht seinem Wesen, und deshalb tut er es. Aber der Auftakt zur Vergebung ist die Reue. Manchmal meinen die Leute, dass Sündenbekenntnis und Umkehr ein und dasselbe sind. Beides ist gut und notwendig, aber das Bekenntnis geschieht mit dem Mund und die Reue mit dem Herzen.

Im wahrsten Sinne des Wortes bedeutet Reue eine Kehrtwendung, eine Drehung um 180 Grad, einen Richtungswechsel. In Apostelgeschichte 3,19 steht: „Kehrt jetzt also um und wendet euch ihm, dem Herrn, zu" (NGÜ).

Manchmal, wenn Kinder auf frischer Tat ertappt werden, sagen sie: „Es tut mir leid." Sehr oft handelt es sich dabei jedoch um Bedauern, aber nicht um Reue. Denn sie bereuen nicht, dass sie ungehorsam waren, sondern dass man sie dabei erwischt hat. In solchen Fällen schickten wir unsere Kinder auf ihr Zimmer, damit sie über ihr Verhalten nachdenken und beten konnten. Sie mussten dort bleiben, bis sie bereit waren, die Sache in Ordnung zu bringen. Ab dem Alter von drei Jahren wurde von ihnen erwartet, dass sie ihre Sünde mit Gott und mit der Person, die sie verletzt hatten, in Ordnung bringen mussten. Wenn sie sich entschuldigten, mussten sie deutlich sagen, was sie getan hatten.

Wenn sie sich herausreden wollten mit den Worten: „Aber ich hab doch gar nichts gemacht!", dann baten wir sie, auf ihr Zimmer zu gehen, damit Gott ihnen zeigen konnte, was sie getan hatten. Manchmal kamen sie zu früh wieder heraus, aber eine beiläufig gemurmelte, halbherzige Entschuldigung führte nur zu einer weiteren „Gelegenheit", mehr Zeit im Gebet und mit Nachdenken zu verbringen.

Probieren Sie es einmal aus. Lassen Sie Ihre Kinder erleben, wie Gott zu ihnen spricht. Die Zartfühlenden werden sich innerhalb von drei Minuten aufrichtig entschuldigen, während die Erstgeborenen manchmal unsere Geduld auf eine harte Probe stellen. Aber lassen Sie nicht zu, dass Sie diesen Wettstreit um den eigenen Willen verlieren. Wenn wir sündigen, betrüben wir Gott und greifen ihn in seiner Heiligkeit an. Unsere Aufgabe als Eltern ist es, die Herzen unsere Kinder zu erreichen und ihnen beizubringen, dass irdische Eltern und ihr himmlischer Vater einem Sünder vergeben, wenn er seine Sünde aufrichtig bereut.

Als meine Tochter Sadie neun Jahre alt war, redete sie einmal respektlos mit mir, als ich sie ins Bett brachte. Ich sagte ihr, dass sie darüber nachdenken und beten müsste, denn schließlich wohnte doch der Heilige Geist in ihr, und er würde ihr zeigen, was sie tun sollte. Ich sagte: „Ich weiß, dass du dich dafür entscheiden wirst, diese Sache in Ordnung zu bringen."

Es verging etwa eine Stunde. Ich wartete in meinem Arbeitszimmer, bis sie kommen und sich entschuldigen würde, aber ich wartete vergebens. Schließlich bemerkte ich, dass sie eingeschlafen war. Gegen drei Uhr morgens wachten Beth und ich erschrocken auf. Sadie stand an unserem Bett. „Es ist doch noch mitten in der Nacht. Geh wieder ins Bett", sagten wir und schickten sie wieder in ihr Zimmer. Am frühen Morgen, als ich noch schlief, war Beth schon auf und machte das Frühstück, als Sadie in die Küche schlich.

„Sadie", fragte Beth. „Hast du letzte Nacht schlecht geträumt?"

„Nein", antwortete Sadie. „Ich bin aufgewacht und konnte nicht wieder einschlafen, solange ich die Sache mit Papa nicht in Ordnung gebracht hatte."

Das ist der Unterschied zwischen Bedauern und echter Reue. Es ist für Ihre Kinder, für Sie und auch für Gott ein gutes Gefühl, wenn sie eine begangene Sünde in Ordnung bringen. Und sie entwickeln ein Grundverhalten, das zur Gewohnheit wird. Ihre Kinder werden dann auch in der Pubertät und im Erwachsenenalter den Wunsch haben, Sünden und Fehlverhalten bei Gott in Ordnung zu bringen.

Auch wenn sie Sie dafür aus dem Tiefschlaf wecken müssen.

Wer anderen dient, vertieft den Glauben

Es wurde eine umfassende Langzeitstudie mit zahlreichen Schülern durchgeführt, um festzustellen, wer von ihnen in einer christlichen Gemeinde bleibt, sobald sie vom Teenager- ins Erwachsenenalter überwechseln. Es überrascht nicht, dass die Teenager, die durch die regelmäßige Teilnahme an Programmen und durch ihr Engagement tief im Gemeindeleben verwurzelt waren, auch im Erwachsenenalter mit hoher Wahrscheinlichkeit diesen Weg weitergehen. Die Ergebnisse der Studie wurden in einer christlichen Fachzeitschrift so zusammengefasst:

> *Wer jungen Menschen bei der Entwicklung eines entschiedenen, sinnvollen Glaubenslebens helfen will, sollte sie an sinnvollem Dienst beteiligen. ... Wenn man Teenager zu Partnern christlicher Arbeit macht anstatt zu Konsumenten, ist das ein wichtiger und entscheidender Beitrag zur Förderung des Nachwuchses in christlichen Leitungsämtern.*[29]

Der größte „Klebe-Faktor“ für den Glauben, der in Kindern Wurzeln schlagen kann, ist die Erfahrung des gemeinsamen Dienens mit ihren Eltern. Es kann sich dabei um Plätzchenbacken für eine Nachbarin handeln, um eine Familien-Missionsreise während der Schulferien oder um eine gemeinsame Aktion „saubere Straßen" in der Nachbarschaft.

Es ist nicht so wichtig, *was* Sie machen, sondern *mit wem* Sie es machen.

Warum? Weil Sie aus Ihrer Komfortzone herausmüssen, wenn Sie anderen dienen, und diese Erfahrung kann ziemlich demütigend sein. Wenn Sie sich die Hände schmutzig machen müssen, verschwinden die äußeren Schichten aus Überheblichkeit und Stolz, hinter denen sich so viele Christen gerne verstecken, die lieber zuschauen und das Handeln anderen überlassen.

Wenn Sie dienen, werden Sie Jesus ähnlicher. Der König des Universums verließ den Himmel und kam auf diese Erde, um Füße zu waschen und Aussätzige zu berühren. Es ist eine Geschichte „von ganz oben nach ganz unten", wie sie im Buche steht. Weil er seinen Jüngern diesen Weg vorleben wollte, wusch Jesus ihnen die Füße. Er sagte: „Denn auch der Sohn des Menschen ist nicht gekommen, um bedient zu werden, sondern um zu dienen und sein Leben zu geben als Lösegeld für viele" (Markus 10,45).

Die schönsten Erinnerungen aus meiner Familie drehen sich um das gemeinsame Dienen. Gemeinsam halfen wir bei einem Hausbau für die Organisation *Habitat for Humanity*. Nach dem Hurrikan Katrina halfen wir drei Tage lang auf einem Parkplatz bei der Essenausgabe zum Erntedankfest. Gemeinsam mit meinen beiden Jüngsten haben wir Obdachlosen Mahlzeiten gebracht, mit ihnen gegessen, gelacht und gebetet.

Wenn Sie zusammen mit Ihrer Familie anderen Menschen dienen, dann wird dieses Handeln bei Ihren Kindern Früchte tragen. Jedes Mal, wenn Sie sich vom Rampenlicht wegbewegen und Ihr Augenmerk auf die Nöte Ihrer Mitmenschen richten, leben Sie Ihren Kindern wahres Christentum vor.

Wer authentisch lebt, ist ein Spiegelbild Gottes

Sie können Ihren Kindern zwar beibringen, wie man seine Sünden bereut, aber die beste Lektion über Vergebung lernen sie, wenn Sie sie darum bitten. Wenn Sie einen Fehler gemacht haben, dann haben Sie keine Angst, zu Ihrer vierjährigen Tochter zu sagen: „Mami hat beim Mittagessen die Geduld verloren, als sie sich so aufgeregt hat. Ich hätte dich nicht anschreien dürfen. Kannst du mir vergeben?" Sagen Sie zu Ihrem Sohn im Teenageralter: „Ich hatte Unrecht. Bitte entschuldige." Sagen Sie zu Ihren Kindern: „Ich hatte einen schweren Tag und habe es an euch ausgelassen. Bitte vergebt mir."

Ich musste meine Kinder schon viele Male um Vergebung bitten. Natürlich fällt uns das schwer, aber wenn wir es tun, dann zeigen wir unseren Kindern, dass die Prinzipien für ein gottgemäßes Leben für jeden gelten – für Eltern genauso wie für Kinder.

Ich erinnere mich noch, wie ich eines Abends im Bibelkreis einen Witz auf Kosten meines Sohnes gemacht habe. Die anderen aus diesem Bibelkreis waren Vorbilder für Sam. Mein Sohn hat einen ausgeprägten Sinn für Humor, doch an jenem Abend hatte ich mit meinem Scherz eine Grenze überschritten. Ein paar Minuten später sah ich, wie er sich aus dem Raum schlich. Ich wusste, dass ich ihn verletzt hatte, und das ist ein schreckliches Gefühl. Sofort sagte ich der Gruppe, wie sehr ich mein Verhalten bereute.

Aber während der Bibelstunde musste ich immer wieder daran denken. Schließlich sagte ich: „Ich muss etwas erledigen. Es dauert nur ein paar Minuten." Ich entschuldigte mich und suchte nach Sam. Er lag in seinem Zimmer auf dem Bett und hatte den Kopf in sein Kissen vergraben. „Ich muss mich bei dir entschuldigen. Das hätte ich nicht sagen dürfen. Kannst du mir vergeben?"

Er sah mich aus rot geränderten Augen an. „Du hast es fertiggebracht, dass alle über mich gelacht haben."

Ich erwiderte: „Du hast ja so recht. Das war das Allerletzte. Da habe ich einen unverzeihlichen Fehler gemacht. Ich fühle mich schrecklich, weil ich dich verletzt habe. Ich habe mich schon bei den anderen für mein Verhalten entschuldigt und sie haben mir vergeben. Vergibst du mir auch? Gibst du mir noch mal eine Chance?"

Mein zehnjähriger Sohn überlegte kurz, und dann sagte er: „Ich vergebe dir, Papa."

Ich umarmte ihn und ging mit rot geweinten Augen nach unten, um den jungen Erwachsenen im Bibelkreis die gute Nachricht zu bringen. Diese Lektion blieb ihnen im Gedächtnis haften – nicht das Thema, das ich für jenen Abend vorbereitet hatte.

Liebe Eltern, wenn wir unseren Kindern Unrecht getan haben, dann sollten wir zunächst Gott um Vergebung bitten und dann unsere Kinder. Wenn Sie Ihren Stolz herunterschlucken und das tun, dann leben Sie Ihren Kindern vor, was Sie von ihnen erwarten, wenn sie einmal ungehorsam sind oder Sie enttäuschen. Aber wichtiger noch: Sie zeigen ihnen, was sie tun müssen, wenn sie Gott enttäuschen.

Der Apostel Paulus macht es uns bewusst mit diesen Worten: „Ja, wir alle sehen mit unverhülltem Gesicht die Herrlichkeit des Herrn. Wir sehen sie wie in einem Spiegel, und indem wir das Ebenbild des Herrn anschauen, wird unser ganzes Wesen so umgestaltet, dass wir ihm immer ähnlicher werden und immer mehr Anteil an seiner Herrlichkeit bekommen. Diese Umgestaltung ist das Werk des Herrn; sie ist das Werk seines Geistes“ (2. Korinther 3,18; NGÜ). Je mehr wir auf Jesus sehen, desto ähnlicher werden wir ihm.

Deshalb schauen Sie in den Spiegel, bis Sie nicht mehr sich selbst sehen, sondern den Geist und das Bild Jesu. Wenn Sie dieses Bild widerspiegeln, können Sie es an Ihre Kinder weitergeben. Vielleicht sehen Ihre Kinder Ihnen äußerlich ähnlich, vielleicht auch nicht, aber auf jeden Fall wird ihr Glaube dem Ihren ähneln. Sie werden zu Ebenbildern ihrer irdischen Eltern und ihres liebevollen, himmlischen Vaters.

Und das ist gut so.

10

Das letzte Wort

Jetzt ist es so weit. Welches Zeugnis stellen Sie sich für Ihre Leistung als Eltern aus?

Geben Sie es zu – Sie haben Kapitel für Kapitel durchgelesen und sich während Ihrer Lektüre Noten gegeben. Diese Bewertung könnte etwa so aussehen:

- „Die Sache mit dem Gebet gelingt mir ganz gut."
- „Mit der Konsequenz hapert es noch."
- „Ich verbringe schon ein bisschen mehr Zeit mit den Kindern."
- „Im Vergleich zu meinem Mann/meiner Frau bin ich in Sachen ‚Mut machen' ziemlich schlecht."

Das Ganze ist wie eine Fahrt mit der Achterbahn, stimmt's? Manchmal ist der Aufstieg mühsam. Wenn es nach unten und in die Kurven geht, genießen Sie den Rausch der Geschwindigkeit. Wie leicht wird man negativ, wenn die Zeiten härter werden, oder selbstgefällig, wenn alles gut läuft. Aber lassen Sie sich warnen: Wenn Sie sich mit anderen vergleichen oder sich für Ihr Versagen selbst bestrafen, hilft das Ihrer Familie überhaupt nicht. Schuldgefühle bewirken keine Veränderung, sondern bringen bloß weitere Schuld mit sich. Deshalb heißen sie ja auch Schuld- und nicht Veränderungsgefühle.

Verlieren Sie nicht den Mut. Auch wenn die Fotos von anderen Familien eine heile Welt vermitteln, so hat doch jede Familie zu kämpfen. Jede Familie ist abhängig von der Gnade und Barmherzigkeit Gottes. Glücklicherweise finden wir auch Trost in der Bibel. Eugene Peterson drückt es so aus:

> *Wenn wir die Bibel durchforsten, stoßen wir auf eine ziemlich überraschende Wahrheit: Es gibt keine mustergültigen Familien. Keine einzige Familie wird in der Bibel so dargestellt, dass sie in uns ein Gefühl der Bewunderung weckt. ... Der biblische Stoff schildert die Familie konsequent so, dass sie uns nicht vorkommt wie ein Idyll des Malers Norman Rockwell, eine lächelnd um den Feiertagsbraten versammelte Gruppe, sondern als eine Aufeinanderfolge von zerbrochenen Beziehungen, die Erlösung nötig haben.*[30]

Offenbar erwartet Gott von uns keine Vollkommenheit. Er will bloß, dass wir uns an ihn wenden, weil er vollkommen ist. Wenn es Gott wirklich mehr um die richtige Richtung geht als um Perfektion, dann werden Sie im nächsten Jahr Ihre Elternrolle besser erfüllen, weil Sie lernen, reifer werden und weil der Geist Gottes Sie verwandelt.

Gott hat das letzte Wort

Während wir unsere Kinder großziehen, ist es noch offen, ob sie auch tatsächlich den Glauben für sich persönlich annehmen oder nicht. Die Bewährungsprobe kommt dann, wenn sie das Elternhaus verlassen. Werden unsere Kinder in einem Umfeld der Freiheit vom Weg des Glaubens abkommen oder den Kurs halten? Ihre Aufgabe ist es, Ihren Kindern für diesen Übergang den Weg zu bereiten. Aber vergessen Sie eines nicht: Die Verantwortung liegt nicht allein auf Ihren Schultern. Obwohl Sie eine zentrale Rolle im Prozess der Kindererziehung spielen, haben Sie nicht das letzte Wort, wenn es um den Glauben Ihres Kindes geht, und auch Ihr Kind nicht, ob Sie es glauben oder nicht.

Das letzte Wort hat Gott.

Es kommen Zeiten, da meinen Sie, die Geschichte sei zu Ende. Sie erleben Augenblicke, in denen Sie Ihren Teenager oder Ihr erwachsenes Kind für einen hoffnungslosen Fall halten. Aber denken Sie an die Worte von Gracie Allen: „Setze niemals einen Punkt, wo Gott ein Komma gesetzt hat."[31] Geben Sie nicht auf. Beten Sie weiter. Und denken Sie daran, dass Gott „unendlich viel mehr tun kann, als wir erbitten oder erdenken" (Epheser 3,20; NeÜ).

Unterschätzen Sie nicht das Wirken Gottes. Vertrauen Sie ihm. Seine Macht und Gegenwart kann bei der Erziehung Ihrer Kinder mehr bewirkten als alle Ihre guten Absichten. Wenn es darum geht, dass Kinder glauben lernen, ist Gott darauf spezialisiert, die menschlichen Defizite auszugleichen. Vielleicht sind Sie der Meinung, um Ihre Chancen sei es schlecht bestellt. Vielleicht sind

Sie ein alleinerziehendes Elternteil. Vielleicht haben Sie einen Partner, der Ihren Glauben nicht teilt, oder aber Sie müssen sich der besonderen Herausforderung einer Patchwork-Familie stellen. Vielleicht haben Sie viele Jahre lang bloß so getan, als würden Sie als Familie den Weg des Glaubens gehen, oder aber Sie haben zu spät damit angefangen, sich bei der Erziehung Ihrer Kinder Ziele zu setzen.

Hier kommt die gute Nachricht: Gott liebt Herausforderungen. Sie sind ein perfekter Kandidat für seine Gnade und sein Eingreifen. Er ist auf Ihrer Seite.

Fragen Sie ein Sklavenkind namens Mose.

Fragen Sie einen jungen Schäfer namens David.

Fragen Sie ein Waisenkind namens Ester.

Fragen Sie einen introvertierten Angsthasen namens Gideon.

Gott hat großes Verständnis für Außenseiter. Und Sie sind ihm genauso wichtig wie die Namen auf dieser Liste. Laden Sie ihn in Ihre Familie ein. Die Bibel vermittelt uns ein so positives Bild von seinem Wesen und seiner Barmherzigkeit, dass wir ihn unbedingt in die Erziehung unserer Kinder einbeziehen möchten.

Tragen Sie Ihren Teil bei – und beten Sie, dass Ihre Kinder das auch tun. Gott erledigt alles andere. Vertrauen Sie dem Herrn, denn er ist treu. „Ich bin ebenso in guter Zuversicht, dass der, der ein gutes Werk in euch angefangen hat, es vollenden wird …“ (Philipper 1,6).

Wir können nur unser Bestes tun. Aber Gott kann viel mehr als das. Auch wenn Sie Fehler machen oder im Chaos stecken, denken Sie daran, was Gott am besten kann: Er erneuert. Er baut auf. Er erlöst.

Und das kann er auch in Ihrer Familie tun.

Von innen nach außen

Wenn Kindererziehung wirklich wirksam sein soll, dann reicht sie bis ins Herz hinein – in Ihr Herz, in das Herz Ihrer Kinder und in das Herz Gottes. Sein Geist kann die Lücken füllen. Also geben Sie nicht auf. Werden Sie nicht müde bei Ihrer täglichen Investition in Ihre Elternrolle.

Als mein ältestes Kind, Savannah, in der vierten Klasse war, hatte ich eine Überraschung für sie. Ich nahm sie mit in die Stadt Savannah im Bundesstaat Georgia. Ihr Name war überall zu lesen, und so etwas ist wirklich spannend für ein Mädchen in diesem Alter. Als sie in der Abschlussklasse war, wurde ich wieder nach Savannah eingeladen, um auf einer Konferenz für christliche Leiter zu sprechen.

Ich wollte Savannah mitnehmen.

Sie bereitete sich auf ihr Studium vor. Für meine Frau Beth und mich war klar, dass sie in den nächsten Jahren ihren Freund Patrick heiraten würde. Deshalb würden sich immer weniger Gelegenheiten für ein Zusammensein von Vater und Tochter finden. Glücklicherweise war Savannah begeistert von der Idee, mich zu begleiten.

Als ich meinen letzten Vortrag hielt, erzählte ich den Verantwortungsträgern aus christlichen Gemeinden auch

die Geschichte mit dem Lied „Mach langsamer, Papa" (ich habe es in Kapitel 7 erwähnt). Dieser gefühlsgeladene Augenblick zwölf Jahre zuvor war für mich ein Weckruf Gottes gewesen, um mich aus meinem Stolz und meiner Arbeitssucht aufzurütteln. Es war ein unwirkliches Erlebnis, von dieser Erfahrung zu erzählen, während meine Tochter als Studentin in spe unter den Zuhörern saß. Ich fragte mich, was sie wohl dabei dachte.

Am Nachmittag entdeckte ich auf meinem Laptop diesen Text:

Lieber Papa,
danke, dass du mich noch einmal nach Savannah mitgenommen hast. Ich möchte diese Gelegenheit nutzen, um dir zu sagen, wie sehr ich dich schätze. Erst vor Kurzem ist mir klar geworden, wie genau ich dich beobachtet habe und wie groß dein Einfluss auf mich war.

Ich weiß, dass wir so manches durchgemacht haben – Anfälle von Egoismus, Dickköpfigkeit etc. In diesen Zeiten habe ich dir nicht gezeigt, wie wichtig du mir bist. Aber ich hoffe, dass ich dir von nun an viel deutlicher und öfter zeigen kann, wie viel du mir bedeutest. Du hast mir vorgelebt, wie eine Beziehung zu Jesus aussehen sollte. Das hast du nicht nur in deinen Predigten getan, sondern im Alltag, durch die Art, wie du mit bestimmten Situationen umgehst, wie du für bestimmte Anliegen betest, andere Christen um Rat bittest etc. Ich finde es toll, wie liebevoll du auf mich und Patrick eingehst. Du interessierst dich nicht nur für unsere Beziehung, sondern du zeigst auch ein echtes Interesse an Patricks Leben. Wir haben so viel Spaß mit dir und Mama. Die Art, wie Patrick und ich miteinander umgehen, gemeinsam beten und unsere Liebe zeigen, ist geprägt von ehrlichen Absichten und dem Wunsch, Gott die Ehre zu geben. Ich weiß, dass wir uns so verhalten, weil ihr es uns vorgelebt habt.

Wenn ich heirate, wird mir bestimmt noch deutlicher bewusst, wie viel Weisheit du uns geschenkt hast und auch in Zukunft schenken wirst. Ich hoffe, dass der Mann, den ich heiraten werde, so ist wie du. Ich werde immer dein kleines Mädchen sein. Vielleicht ist das hier unsere letzte „Vater-Tochter-Reise", aber ich werde unsere gemeinsamen Ausflüge nie vergessen. Dadurch hat sich unsere Beziehung und meine Beziehung zu Gott vertieft, ich bin vielen Menschen begegnet und habe viele neue Orte kennengelernt. Mit diesen Ausflügen hast du mir gezeigt, dass ich für dich etwas Besonderes bin. Deshalb danke ich dir, Papa, für alles, was du für mich getan hast und noch tun wirst. Danke, dass du immer an unsere Familie gedacht hast, wenn es darum ging, deine Prioritäten zu ordnen. Danke, dass du „langsamer machst", Papa.

Ich hab dich lieb.

Deine Tochter Savannah

Als ich alles durchgelesen hatte, merkte ich, dass meine Wangen feucht von Tränen waren. Ich murmelte: „Danke, Herr", aber ich brachte kaum einen Ton heraus, denn in meinem Hals saß ein dicker Kloß.

Ich habe mich oft gefragt, wie meine Geschichte weitergegangen wäre, wenn ich meinen Weg als Workaholic weitergegangen wäre. Aber ich danke Gott, dass sein Geist mich aufgerüttelt hat und ich auf sein Wirken reagiert habe. Er hat mich und meine Art der Kindererziehung umgewandelt, und das kann er auch bei Ihnen tun.

Als ich ein Kind war, sagte meine Mutter oft, dass ihr Lieblingsvers 3. Johannes 4 sei: „Eine größere Freude habe ich nicht als dies, dass ich höre, dass meine Kinder in der Wahrheit wandeln." Ich fragte mich, warum ihr ausgerechnet dieser Vers so am Herzen lag. Damals konnte ich das nicht verstehen, heute schon.

Wir alle haben dasselbe Ziel, das die junge Mutter Heather an jenem Sonntagmorgen in der Eingangshalle der Gemeinde zum Ausdruck brachte. Wir möchten, dass unsere Kinder glauben lernen und Jesus Christus lieben.

Deshalb endet das Buch so, wie es begonnen hat – mit einem Appell an Eltern, authentisch zu sein. Liebe Eltern, seien Sie echt. Ihre Kinder brauchen Glauben, Freude, Glaubwürdigkeit und Echtheit.

Vertrauen Sie Gott. Vertrauen Sie Ihre Familie Gott an. Lassen Sie zu, dass der Geist Gottes an Ihnen und durch Sie wirkt, während Sie lernen, unseren Herrn Jesus Christus zu lieben und diese Liebe an Ihre Kinder weiterzugeben.

Und denken Sie daran: Das letzte Wort hat Gott. Er liebt Sie und er liebt Ihre Kinder. Vorbehaltlos. Konsequent. Voll und ganz.

Gott ist darauf spezialisiert, Eltern dabei zu helfen, langsamer zu machen, authentisch zu sein und ihren Kindern die Wahrheit seines Wortes vorzuleben. Gott hat dasselbe Ziel wie Sie: Er möchte Ihrer Familie helfen, zu der Familie zu werden, die er haben möchte – und das ist keine Familie, die so tut, als ob, auch keine Familie, die perfekt ist, sondern eine Familie, in der die Kinder glauben und unseren Herrn Jesus Christus lieben lernen.

Anmerkungen

1 Twitter-Nachricht von Jim Gaffigan am 11. Juli 2011. @ JimGaffigan http//twitter.com/#!/JimGaffigan/statuses/90399037659942912

2 Chris Dewelt, aus einer Predigt vom 3. Juli 1997 auf der Tagung der Vereinigung Nordamerikanischer Christen in Kansas City, Missouri

3 Vance Havner, „Desperation and Revival (1948)", Sonderausgabe von The Heartbeat of the Remnant, 14.4, 2008, S. 23

4 Barry Black, der Kaplan des U.S. Senats, in seiner Ansprache zum Nationalen Gebetstag, Washington D.C., 6. Mai 2010

5 Twitter-Nachricht von John Piper aus @JohnPiper am 9. Oktober 2009

6 Erwin McManus in einem Vortrag auf einer Konferenz für christliche Gruppenarbeit am 18. Januar 2001 in Nashville, Tennessee

7 Dr. Henry Blackaby, aus einer Predigt in der Southeast Christian Church in Louisville, Kentucky, am 15. Mai 2002

8 „An Hour with J. Russell Morse", Christian Standard Magazine, 4. März 1980, S. 6. Interview und Artikel von Sam. E. Stone

9 Christine Lagorio von CBS News, „Rescources: Marketing to Kids", 2009; http://www.cbsnews.com/stories/2007/05/14/fyi/main2798401.sthml

[10] Ross Brodfuehrer, The Southeast Outlook, 4. April 2002, A-12

[11] James C. Dobson, The Strong-Willed Child: Birth through Adolescence, Carol Stream, Illinois, 1992, S. 29

[12] McDowell, Josh und Bob Hostetler, Handbuch Jugendseelsorge, Christliche Verlagsgesellschaft Dillenburg, 1998/2004, S. 290

[13] Chip Ingram, Effective Parenting in a Defective World: How to Raise Kids Who Stand out from the Crowd, Carol Stream, Illinois, 2006, S. 87

[14] Forest E. Witcraft (194-1967), Boy Scout Administrator, erste Veröffentlichung in: Scouting Magazine, Oktober 1950

[15] Linda Weber, Mom, You're Incredible, Colorado Springs, Colorado, 1994, S. 6

[16] http://www.reuters.com/article/2007/05/02/us-work-mothers-idUSN0236053520070502

[17] http://georgiakostas.wordpress.com/2011/07/25/family-mealtimes-making-an-impact

[18] http://www.forbes.com/2002/04/12/0412movers.html

[19] Angela Thomas (Guffey), „It's time to Bench Supermom", Focus on the Family Magazine, Mai 2001

[20] Linda Weber, ebd., S. 6

[21] Helen M. Young, Children Won't Wait, Brownlow Publishing Company, 1995

[22] Studie der MNSBC, http://www.mnsbc.msn.com/id/31086977/

[23] Online-Artikel der Baptist Press News, „Want your church to grow? Then bring in the men", von Polly House, veröffentlicht am 3. April 2003, http://

wwwbpnews.net/bpnews.asp?id=15630. Statistik aus einer Veröffentlichung von Focus on the Family, Titel: „Promise Keepers at Work“

24 Albert Schweitzer, Thoughts for Our Times, Peter Pauper Press, 1975, S. 51 (?)

25 John Eldredge, You Have What it Takes: What Every Father Needs to Know, Nashville, 2004, S. 19 (?) (in deutscher Sprache erschienen unter dem Titel: Mach mich stark fürs Leben. Was nur Väter ihren Kindern geben können, Gießen 2013, 5. Aufl.; Anm. d. Übers.)

26 „Slow Down“, Text und Musik von Bobby Price und Michael James Murphy, Copyright 1991, Tin Roof Music und Riversong Music/SESAC. Aus den Alben von Michael James („Shoulder to the Wind“ und „Signature Songs“); mit freundlicher Genehmigung der Verlage

27 Diese Geschichte wird mit leichten Änderungen zitiert von Randy Leffingwell in: The American Barn, Voyager Press, 2003, S. 188. Die von mir eingefügten Details stammen aus einem persönlichen Gespräch mit Frau Ostry im Jahr 2003.

28 Kehillat Israel, Rekonstruktionistische Synagoge in Lansing, Michigan

29 Michael E. Sherr, Diana R. Garland und Terry A. Wolfer, „The Role of Community Service in the Faith Development of Adolescents", The Journal of Youth Ministry, Vol. 6, Nr. 1, Herbst 2007, S. 51

30 Eugene Peterson, Like Dew Your Youth: Growing Up with Your Teenager, Grand Rapids, Michigan, 1998, S. 110

31 Gracie Allen, letzter Brief an George Burns, in: Two Minutes for God: Quick Fixes for the Spirit, 2007, von Peter B. Panagore, S. 73

Bildquellen

S. 3: © Konstantin Yolshin/Shutterstock (Hände); © Shutterstock (Jungen); © Martin Novak/Shutterstock (Mutter und Tochter) ; S. 6: © Warren Goldswain/Shutterstock; S. 9: © Cora Mueller/Shutterstock; S. 10: © Shutterstock; S. 13: © holbox/Shutterstock; S. 15: © Elena Yakusheva/Shutterstock; S. 16: © pisaphotography/Shutterstock; S. 19: © Jetrel/Shutterstock; S. 20: © Monkey Business Images/Shutterstock; S. 23: © Konstantin Yolshin/Shutterstock; S. 25: © JuneJ/Shutterstock; S. 27: © MitarArt/Shutterstock; S. 29: © Zurijeta/Shutterstock; S. 30: © Alena Ozerova/Shutterstock; S. 32: © Elenamiv/Shutterstock; S. 35: © Shutterstock; S. 36: © R. Gino Santa Maria/Shutterstock; S. 39: © rmnoa357/Shutterstock; S. 40: © savageultralight/Shutterstock; S. 43: © rmnoa357/Shutterstock; S. 44: © wavebreakmedia/Shutterstock; S. 47: © Jacob Gregory/Shutterstock; S. 48: © robert_s/Shutterstock; S. 53: © Stocksnapper/Shutterstock; S. 54: © Terrie L. Zeller/Shutterstock; S. 57: © KonstantinChristian/Shutterstock; S. 58: © Creativa/Shutterstock; S. 61: © arek_malang/Shutterstock; S. 62: © Gustavo Toledo/Shutterstock; S. 64: © Stokkete/Shutterstock; S. 67: © Anastasiia Markus/Shutterstock; S. 69: © Netrun78/Shutterstock; S. 70: © Monkey Business Images/Shutterstock; S. 73: © Pressmaster/Shutterstock; S. 74: © Shutterstock; S. 77: © OlegD/Shutterstock; S. 79: © Hallgerd/Shutterstock; S. 80: © wavebreakmedia/Shutterstock; S. 83: © Patrick Foto/Shutterstock; S. 84: © Sweet November studio/Shutterstock; S. 87: © michaeljung/Shutterstock; S. 88: © Shutterstock; S. 91: © Mila Supinskaya/Shutterstock; S. 92: © Zvonimir Atletic/Shutterstock; S. 95: © S.Borisov/Shutterstock; S. 97: © Alena Ozerova/Shutterstock; S. 98: © auremar/Shutterstock; S. 100: © Lori Sparkia/Shutterstock; S. 103: © ImageryMajestic/Shutterstock; S. 105: © Shutterstock; S. 107: © Edyta Pawlowska/Shutterstock; S. 108: © Sweet November studio/Shutterstock; S. 110: © hartphotography/Shutterstock; S. 113: © iofoto/Shutterstock; S. 115: © Rido/Shutterstock; S. 116: © wavebreakmedia/Shutterstock; S. 119: © lithian/Shutterstock; S. 120: © Monkey Business Images/Shutterstock; S. 122: © Monkey Business Images/Shutterstock; S. 125: © Sebastian Gauert/Shutterstock; S. 126: © Olga Danylenko/Shutterstock; S. 129: © Andrey Arkusha/Shutterstock; S. 130: © wavebreakmedia/Shutterstock; S. 132: © SvetlanaFedoseyeva/Shutterstock; S. 135: © MCarper/Shutterstock; S. 136: © Nuzza/Shutterstock; S. 138: © Shutterstock; S. 141: © Pressmaster/Shutterstock; S. 143: © Goodluz/Shutterstock; S. 145: © arek_malang/Shutterstock; S. 146: © Akasha/Shutterstock; S. 148: © Zurijeta/Shutterstock; S. 150: © J. Quendag/Shutterstock; S. 152: © Anki Hoglund/Shutterstock; S. 155: © Pavelk/Shutterstock